인공지능 시대, 십 대를 위한 미디어 수업

2020년 8월 27일 1판 1쇄
2023년 11월 30일 1판 5쇄

지은이 정재민

편집 김태희·박주혜 **디자인** 김민해
제작 박흥기 **마케팅** 이병규·이민정·최다은·강효원 **홍보** 조민희

인쇄 코리아피앤피 **제책** J&D바인텍

펴낸이 강맑실 **펴낸곳** (주)사계절출판사
등록 제406-2003-034호 **주소** (우)10881 경기도 파주시 회동길 252
전화 031)955-8588, 8558 **전송** 마케팅부 031)955-8595 편집부 031)955-8596
홈페이지 www.sakyejul.net **전자우편** skj@sakyejul.com
블로그 blog.naver.com/skjmail **페이스북** facebook.com/sakyejul
트위터 twitter.com/sakyejul

ISBN 979-11-6094-675-8 43300

인공지능 시대, 십 대를 위한 미디어 수업

정재민 지음

사계절

혼잣말처럼 "아빠는 청소년을 잘 모르겠어."라고 했더니 여덟 살 딸 해원이가 말했습니다. "청소년? 줄임말 하고 이어폰 끼고 유튜브 보고, 바로 앞에 있는데도 카톡으로 이야기하고 휴대폰만 쳐다보는 사람들이잖아."

청소년만 그런 건 아닙니다. 아직 십 대가 안 된 제 딸도 그렇습니다. 매일 친구랑 카톡하고, 프로필 사진을 바꾸고, 게임하고, 유튜브에서 좋아하는 영상을 골라 봅니다. 인공지능 스피커에게 날씨를 묻고, 아이돌 그룹의 노래를 틀어 달라 주문합니다. 태어나면서부터 디지털 기기를 접하게 되는 디지털 네이티브 세대의 진화는 계속되고 있습니다.

동영상 보고, 음악 듣고, 게임하고, 소셜 미디어와 메신저 확인하기. 청소년들이 많은 시간을 할애하는 활동이지요. 이 모든 것들이 바로 미디어입니다. 미디어에서 보고 듣는 것들은 우리의 감정과 생각, 행동에 영향을 미치기 마련입니다. 선한 영향력도, 부작용도 미디어에서 비롯됩니다.

요즘 부모님들은 아이들이 스마트폰만 쳐다보고 산다고 걱정합니다. 속이 터져서 그만 좀 하라고 한마디 했다가 반발만 사고 더 심해졌다고 한숨을 쉬지요. '사이버불링'(사이버 공간의 왕따) 보도가 나오면 우리 아이도 피해자 혹은 가해자는 아닌지 초조해집니다. n번방 사건을 접하면서는 할 말을 잃었습니다.

가짜 뉴스가 난무하고, 온갖 콘텐츠가 넘쳐나고, 언론의 신뢰는 땅에 떨어졌습니다. 현재 대학에서 미디어를 가르치고 있고, 또 그전에는 기자와 피디로 일했던 사람으로서 이런 하소연을 듣거나 뉴스를 접할 때마다 우리 청소년들에게, 그리고 우리 사회에 부채 의식을 느끼곤 합니다.

청소년들은 끊임없이 밀어닥치고 휘몰아치는 미디어의 거친 파도 속에서 어디서, 어떻게 올바른 정보를 얻을 수 있을까요? 또 넘쳐나는 재미있는 콘텐츠들을 제대로 즐기며 소통하는 방법은 무엇일까요? 이 책은 '십 대를 위한 미디어 이용 가이드북'입니다. 미디어의 기본 바탕인 커뮤니케이션부터 올드미디어, 인공지능 시대에 십 대가 알면 도움이 될 만한 뉴미디어 이야기와 미디어 리터러시 방법까지 한 권에 담았습니다. 더불어 부모님들이 우리 아이들의 미디어 이용을 이해하고 소통하면서 바람직한 활용

방법을 조언해 줄 수 있는 지침서이기도 합니다.

1부에서는 미디어란 무엇이고 어떻게 발전해 왔는지, 우리 사회에서 그 역할과 영향력은 어느 정도인지를 짚어 보았습니다. 전국의 십 대를 대상으로 어떤 미디어를 얼마나, 왜 이용하는지 조사한 결과를 살펴보며 자신의 미디어 이용 습관과 비교해 볼 수도 있습니다.

2부에서는 미디어를 제대로 알고 활용하기 위한 구체적인 방법을 이야기합니다. 유튜브, 소셜 미디어, 메신저를 이용할 때의 주의점과 효율적으로 활용하는 법을 제안합니다. 신문과 방송, 포털을 비롯해 다양한 경로로 뉴스를 접할 때 휩쓸리지 않는 방법도 실었습니다. 로봇 기자, 로봇 앵커, 뉴스 챗봇, 콘텐츠 추천 알고리즘 등 미디어의 세계로 들어온 인공지능의 구체적인 사례와 장단점도 다룹니다.

3부에서는 미디어가 교묘하게 쳐 놓은 덫에서 벗어나기 위해 가짜 뉴스가 생겨나는 원리와 확산 과정, 어떻게 변해 가고 있는지를 이야기하고, 십 대에게 필요한 디지털 다이어트 방법과 미디어 리터러시 역량을 키우는 법을 소개합니다. 마무리 장에는 십 대가 멋진 콘텐츠를 제작하는 주체가 되기 위해 준비해야 할 일들을 정리했습니다. 각 장의 끝에 있는 '깨어 있는 미디어 주인 되기'(깨미주) 코너 속 세 가지 실천 과제를 직접 해 보며 행동력을 키워 보세요.

『인공지능 시대, 십 대를 위한 미디어 수업』을 펴낼 기회를 주신 사계절출판사와 꼼꼼한 편집과 조언으로 처음부터 끝까지 함께 걸어 주신 박주혜 편집자에게 감사드립니다. 자신들의 미디어 이용을 진술하게 들려준 고등학생 이재희 양과 친구들에게도 고마움을 전합니다. 약속대로 완성된 책을 선물할 수 있게 되었네요. 책에 대해 함께 고민하고, 십 대 미디어 이용 실태 조사와 미디어 리터러시 집필에 직접 도움을 주신 한국언론진흥재단 김영주 박사께도 깊은 감사를 전합니다. 딸 해원이가 이 책을 십 대가 되었을 때 읽고 도움이 되는 책이라고 말해 주면 좋겠습니다. 늘 곁에서 지켜봐 주고 꼭 필요한 책이 될 거라고 응원해 준 아내에게 고마움을 전합니다.

십 대가 만들어 갈 새로운 미디어 세상을 기대합니다. 이 책이 그 길에 디딤돌이 되었으면 하는 마음 간절합니다.

2020년 여름
정재민

차례

1부

세상은 온통 미디어야!

1장

왜 미디어를
알아야 할까?

사람과 사람의
소통을 이어 주는 미디어

　"커뮤니케이션이 필요해.", "저 친구랑은 커뮤니케이션이 안 돼.", "서로 커뮤니케이션이 없군.", 살아가면서 흔히 하는 소리입니다.

　여기서 커뮤니케이션이란 무엇일까요? '대화하다' 혹은 '소통하다' 정도로 해석할 수 있겠지요. 상대방과 소통이 안 된다면 얼마나 답답할까요? 사회 전체적으로도 소통이 안 되면 오해와 불신이 난무하겠지요. 원활한 커뮤니케이션은 개인의 삶과 사회 유지에 가장 중요한 요소입니다. 더구나 오늘날은 수많은 정보 속에서 무엇이 진실인지 알기 힘든 세상입니다. 따라서 무엇을 어떻게 커뮤니케이션할 것인지가 그 어느 때보다 중요해졌습니다.

　먼저 커뮤니케이션의 개념을 더 잘 이해하기 위해 상황에 따라 살펴보겠습니다. 두 사람이 커뮤니케이션하는 상황을 생각해 볼까요? 직접 만나서 대화를 하거나 전화를 하거나 편지를 이용할 수 있지요. 요즘에는 이메일이나 메신저로 소통하는 게 더 흔한 일이고요.

한 집단 안에서 이루어지는 커뮤니케이션도 있지요. 이런 경우는 보통 한 사람이 메시지를 보내는 역할을 하고 다수는 그 사람의 이야기를 듣는 방식입니다. 학교에서 선생님이 수업 시간에 강의를 하고 학생들이 듣는 경우지요. 물론 가정이나 학교, 다양한 조직에서 온라인 방식으로 소통하기도 하고요.

그보다 더 큰 규모로 이루어지는 경우는 불특정 다수에게 메시지를 보내는 것입니다. 신문이나 라디오, 텔레비전, 책, 잡지, 영화, 음악을 생각해 볼 수 있습니다. 특정인 또는 방송사와 같은 조직에서 만들고 다수 대중에게 퍼뜨리는 이런 소통 방식을 '매스 커뮤니케이션'이라고 합니다. 최근에는 온라인을 통해 메시지를 전달하는 경우가 많지요. 여러분이 흔히 쓰는 페이스북이나 트위터, 유튜브도 메시지를 문자나 동영상으로 올리면 불특정 다수가 보게 되니 매스 커뮤니케이션이라고 할 수 있지요. 상품 판매를 위한 광고나 뉴스처럼 불특정 다수에게 보내는 이메일도, 메신저로 전체 국민 혹은 해당 지역민들에게 재난 문자를 보내는 것도 매스 커뮤니케이션이라고 할 수 있습니다.

이와 같이 커뮤니케이션은 우리가 대화나 몸짓, 문자, 사진, 동영상 등 다양한 방식을 통해 세상과 상호 작용하는 것을 일컫습니다. 커뮤니케이션은 하나의 과정입니다. 보내는 사람이 있고, 메시지가 있고, 이것을 받는 사람이 있고, 다시 피드백을 주는 흐름입니다. 사실 혼자서도 커뮤니케이션을 합니다. "오늘은 무슨 게임을 하지?", "어떤 채널을 볼까?" 스스로 질문하고 응답하는 것역시 커뮤니케이션입니다. 따라서 인간은 커뮤니케이션 없이 살아갈 수 없습니다.

이러한 커뮤니케이션 수단에 변화가 생겼습니다. 앞서도 이야기했듯이 기술의 발달로 새롭게 등장한 디지털 수단 덕분에 모든 형태의 커뮤니케이션 방식이 확장되었습니다. 인터넷은 소통하는 데 필요한 시간을 줄여 주었고, 메시지를 전달할 수 있는 범위를 확장시켰습니다. 편지와 이메일을 비교해 보면 쉽게 이해할 수 있겠네요. 편지를 부치고 나서 상대방이 받아 보려면 며칠이 걸립니다. 해외로 보내면 더 오래 걸리고요. 그런데 이메일로는 클릭한 번이면 상대방에게 가 닿습니다. 시간의 제약뿐만 아니라 물리적 거리도 장벽이 되지 않습니다. 신문이나 방송을 통한 메시지 전달도 과거에는 제한된 지역 안에서만 가능했지만, 이제 인터넷신문이나 소셜 미디어, 유튜브를 통한 커뮤니케이션은 나라의 경계를 무너뜨렸습니다.

또 하나 과거와 달라진 점은 피드백입니다. 옛날에는 신문사나 방송사가 보내는 메시지를 다수 대중은 일방적으로 받는 존재였고, 피드백을 전할 수 있는 방법은 거의 없었을 뿐만 아니라 속도도 늦었습니다. 하지만 지금은 온라인과 모바일 기기를 통해 언제 어디서든, 어떤 메시지에도 즉각적인 피드백을 보내는 양방향 커뮤니케이션이 가능하게 되었지요.

미디어, 정체가 뭘까?

이러한 커뮤니케이션 과정에서 메시지를 보내는 사람과 받는 사람을 이어 주는 수단을 '미디어'(media)라고 부릅니다. 미디어라고 하면 여러분은 뭐가 먼저 떠오르나요? 인터넷, 페이스북, 유튜브, 1인 방송, 카카오톡 같은 것을 떠올릴 테지요. 그런데 여러분의 부모님이나 선생님이라면 신문이나 방송이라고 답할 것 같습니다. 미디어를 우리말로 표현하면 '매개체' 혹은 '매체'입니다. 커뮤니케이션 과정에서 한쪽에서 다른 쪽으로 무언가를 전달하는 통로와 같은 거지요. 신문이나 잡지, 책처럼 활자를 종이에 인쇄해서 전달하는 것은 인쇄 매체, 라디오나 텔레비전과 같이 전파를 통해 정보와 오락을 전달하면 방송 매체라고 표현합니다. 인쇄 매체나 방송 매체는 익명의 다수 대중을 상대로 전달하기 때문에 흔히 '대중매체' 혹은 '매스미디어'라고 말하는 거고요.

테크놀로지의 발전으로 인터넷을 통한 전송이 가능해지면서 디지털 미디어, 멀티미디어라는 용어가 등장했습니다. 또 한편으로는 전달되는 내용물을 기준으로 정보 매체, 오락 매체라고 칭하기도 하고, 내용물을 어떤 형식으로 전달하는가에 따라 활자 매체, 음성 매체, 영상 매체로 구분하기도 합니다.

이제는 신문이나 방송을 올드미디어 혹은 전통 미디어라고 칭하지요. 반면에 여러분에게 더 익숙한 매개체인 소셜 미디어나 유튜브와 같은 개인 방송은 뉴미디어라고 할 수 있습니다. 사실 뉴미디어는 새로운 미디어라는 의미이기 때문에 시대에 따라 뉴미디어는 달라지겠지요. 한때는 신문이나 라디오, 텔레비전도 뉴미디어였습니다. 우리가 지금 뉴미디어라고 말하는 소셜 미디어나 유튜브 같은 온라인 동영상 플랫폼도 언젠가는 올드미디어라고 불리게 되겠지요.

미디어는 어떤 방식으로 혹은 어떻게 전달하느냐에 따라 이렇게 다른 이름으로 불리지만, 공통된 점은 내용물인 콘텐츠를 담아 전달하는 매개체라는 것입니다. 그렇다면 미디어에 담겨서 전달되는 콘텐츠는 무엇인가요? 신문 기사나 방송 뉴스, 영화, 드라마, 다큐멘터리, 스포츠, 음악 또는 게임일 수도 있지요. 그것은 문자, 오디오, 그림이나 사진, 동영상의 형태로 전달됩니다. 하지만 신문사나 방송사, 음반·영화·게임 제작사와 같은 전문적인 집단에서 만든 것만이 콘텐츠는 아닙니다. 여러분의 시간을 가져가고 주목을 끄는 것은 모두 콘텐츠입니다. 다시 말해, 여러분이 자주 이용하는 소셜 미디어와 메신저에 포스팅하는 글이나 사진, 개인 방송에 일반인들이 올린 동영상도 하나의 콘텐츠입니다.

미디어의 역사 알아보기

미디어의 역사는 책으로부터 시작됩니다. 종이가 없던 시절에는 돌이나 청동기에 글씨를 새기거나 진흙으로 만든 판에 글씨를 써서 구웠습니다. 고대 이집트에서는 파피루스라는 식물의 줄기를 종이처럼 얇게 가공해 책을 만들었습니다. 영어로 종이를 뜻하는 'paper'의 어원이 바로 파피루스입니다. 양피지에 글씨를 쓰기도 했는데 성경 한 권을 만들기 위해서는 양 200여 마리를 잡아야 필요한 분량의 양피지를 얻을 수 있었다고 하네요.

종이가 발명되면서 책 만들기가 수월해졌지만 여전히 손으로 모두 필사해야 했기 때문에 다수 대중에게 책을 보급하기는 어려웠지요. 1377년에 고려에서 금속 활자로 직지심체요절을 인쇄했지만, 종이 다발을 인쇄하여 묶은 형태로 배포된 것을 책의 시작으로 본다면 책의 역사는 독일의 구텐베르크가 활판 인쇄기를 발명한 서기 1440년대 이후에 시작되었다고 볼 수 있습니다. 이후 오랜 세월이 지나며 글을 읽을 수 있는 사람들이 늘어나고, 인쇄 기술이 더욱 발전하면서 책은 하나의 매스미디어로 자리 잡았지요.

신문과 전화, 라디오

책뿐 아니라 신문도 종이가 발명되기 전부터 존재했습니다. 고대 로마 제국과 그리스에서 정부의 공고문을 돌이나 금속에 새겨 공공장소에 게시한 것을 최초의 신문 형태로 보는 사람도 있습니다. 조선 시대에도 승정원의 발표 사항을 필사해서 배포했던 '조보'(朝報)라는 신문이 있었으며, 세계 각국에서 다양한 신문이 등장했습니다. 신문이 본격적인 매스미디어로서 대중에게 다가간 것도 인쇄술이 발달하고 대중의 수요 증가에 힘입어 1830년대 미국에서 신문 가격이 1센트로 내려가면서부터입니다.

인류 역사상 처음으로 물리적으로 떨어진 공간에 있는 두 사람이 대화할 수 있게 만들어 준 전화는 1876년에 공학자인 알렉산더 그레이엄 벨에 의해 발명되었습니다. 공교롭게도 같은 날 엘리샤 그레이라는 발명가도 같은 기술로 특허를 신청했지만 특허청이 한 시간 앞서 신청한 벨의 손을 들어 주었고, 그 바람에 결국 전화기 발명가는 그레이가 아닌 벨로 알려지게 된 거지요.

1895년에는 이탈리아의 발명가 마르코니가 무선 전신을 발명해 무선 음성 통신이 가능함을 증명했습니다. 사람의 목소리를 전달하기에는 신호가 약했지만, 1900년대 초반에 여러 사람에 의

라디오를 통해 "우리가 두려워해야 할 유일한 것은 두려움 그 자체이다."라는 성명으로 '노변담화'를 방송했던 루스벨트 대통령의 모습.

해 진공관이 개발되면서 나중에는 음악까지 내보낼 수 있게 됐습니다. 하지만 미국 정부가 군사 보호를 내세워 라디오의 이용을 제한했고 그 사이 특허 전쟁이 지속되었지요. 치열한 접전 끝에 1920년 미국 피츠버그에 라디오 방송국이 설립되었고 뉴스와 음악, 대통령 선거 결과까지 보도하는 라디오가 대중 속으로 들어왔습니다. 미국의 대공황 시기였던 1930년대, 루스벨트 대통령은 중요한 시기마다 라디오를 통해 대국민 연설을 했습니다. 온 가족이 저녁 시간에 거실 난롯가에 모여 앉아 대통령의 연설을 청취했는데, 대통령이 마치 옆에서 이야기를 하는 것처럼 느껴져 '노변담화'(fireside chat)라는 말이 생기기도 했지요.

텔레비전

루스벨트 대통령은 미디어와 인연이 깊네요. 1939년에 텔레비전이 뉴욕 만국박람회에서 첫선을 보일 때 연설을 했던 사람도 루스벨트 대통령이었습니다. 1920년대 독일에서 나치 시절에 히틀러가 대국민 홍보를 위해 텔레비전 방송을 실험했고, 1936년에 영국의 공영방송 BBC가 최초로 정규 방송을 시작했습니다. 미국에서는 1939년부터 정규 방송을 내보냈고요.

그런데 텔레비전을 누가 발명했는가에 대한 논란도 있습니다. 1925년에 영국의 과학자 존 베어드가 브라운관을 개발해 기계식 텔레비전을 소개했으나 화질이 떨어져 보급에 실패했습니다. 이어서 전자식 텔레비전의 개발을 주도하고 먼저 특허를 신청한 사람은 즈보리킨이었지만, 판즈워스가 더 우수한 기술을 개발해 특허 전쟁에서 이기면서 텔레비전의 발명가로 기록되었죠. 그는 타임지가 선정한 '20세기 가장 위대한 인류 100인'에도 선정됩니다. 텔레비전 자체가 인류에게 공헌한 발명품이라는 의미겠지요.

하지만 한편으로는 사람들이 유익한 일을 하는 대신에 텔레비전 채널만 돌려 보면서 텔레비전에 나오는 이야기를 진실로 받아들여 바보가 된다고 비판받기도 합니다. 이 때문에 텔레비전에 '바보상자'(idiot box)라는 불명예스러운 이름이 붙었죠. 여기서 잠깐, 텔레비전의 아버지 판즈워스가 죽기 전에 했던 인터뷰가 흥미롭습니다. 자신이 텔레비전을 만들면서 이룬 가장 큰 공헌은 '오프'(off) 스위치를 만든 거라고 했다는군요.

영화

이번에는 미디어의 드라마틱한 시대를 연 영화 이야기도 해 볼게요. 축음기뿐만 아니라 영화의 기술적 기반도 에디슨이 맨 먼저 마련했다는 사실을 아시나요? 하지만 세계 최초의 상영 영화는 1895년에 발표된 프랑스 뤼미에르 형제의 〈열차의 도착〉으로 알려져 있습니다. 에디슨은 기기적인 측면에서 만든 과학 장치 '키네토스코프'를 통해 한 명만 관람할 수 있는 영화를 만든 데 비해, 뤼미에르 형제는 다수의 관중이 큰 스크린을 통해 볼 수 있는 형태로 영화를 시스템화했기 때문입니다. 사실 뤼미에르 형제가 만든 〈열차의 도착〉은 아무런 스토리도 없이 열차가 도착하는 장면

영화 〈열차의 도착〉 포스터.

을 보여 주는 50초짜리 짧은 영상입니다. 프랑스의 한 카페에서 상영했는데 들어오는 열차를 기다리는 사람들의 모습을 편집도 하지 않은 채 한 장면으로 보여 줬더니, 사람들은 정말 열차가 다가오는 줄 알고 놀랐다고 하네요. 〈열차의 도착〉 내용이 궁금하지 않나요? 유튜브에서 찾아볼 수 있답니다.

현대적 의미의 최초 장편 영화는 1915년에 미국의 그리피스가 감독한 〈국가의 탄생〉입니다. 3시간 10분짜리 영화지만 대사는 하나도 없이 영상이 나오다가 스토리의 흐름을 설명하는 자막이 등장합니다. 혁신적인 제작 기술은 인정받았지만, 인종 차별 집단을 옹호하는 내용이라 비난을 받았습니다. 어떤 영화인지 궁금하지요? 이것도 유튜브에서 찾아볼 수 있습니다. 〈국가의 탄생〉은 대사 없이 3시간 10분을 견뎌야 해서 끝까지 보기는 힘들 거예요.

이후 음성 동기화 기술이 발달하면서 드디어 유성 영화가 만들 어지는데, 1927년에 제작된 〈재즈 싱어〉가 최초의 유성 영화입니 다. 전체 영상은 유튜브에 유료로 올라와 있지만 짧은 부분 영상 들은 무료로 볼 수 있어요. 지금 우리가 보는 영화와 비슷하다는 걸 확인할 수 있습니다.

이렇듯 매스미디어의 등장은 기술의 발전과 밀접한 관련이 있 습니다. 기술의 발전사가 미디어의 발전사라고 해도 과언이 아닙 니다. 라디오가 5000만 명에게 도달하는 데 38년이 걸렸고, 텔레 비전은 13년, 인터넷은 4년, 아이팟은 3년이 걸렸습니다. 페이스 북은 2년, 유튜브는 10개월이 걸렸지요. '포켓몬 고' 게임은 고작 19일 만에 5000만 명이 다운로드받았습니다. 스마트폰의 빠른 대 중화는 미디어를 언제 어디서나 쉽게 이용할 수 있는 문을 열어 주었습니다. 1990년대까지만 해도 우리에게 텔레비전은 소수 채 널에 불과했고, 신문은 아침까지 기다려야 볼 수 있었고, 영화를 본다는 것은 극장을 간다는 것을 의미했습니다.

불과 30년이 안 되는 시간 동안 우리의 미디어 이용 형태는 상 상할 수 없을 만큼 변화했습니다. 인공지능 기술이 고도화되면서 미디어는 앞으로 더 극적인 변화를 맞게 될 것입니다.

미디어의 기능을 살펴보자

우리 삶에 미디어가 왜 중요한지, 어떠한 기능을 하는지 돌아보면서 어떻게 미디어를 활용하고 또 어떻게 하면 미디어를 주체적으로 사용할 수 있을지 고민해 보았으면 합니다. 먼저, 미디어는 우리 사회에서 어떤 역할을 하는 걸까요?

첫째는 환경 감시 기능입니다. 미디어는 세상에서 무슨 일이 벌어지고 있는지 관찰하고 대중에게 알려 주기 위해 존재합니다. 우리 사회의 주요 이슈에 대해 뉴스와 정보를 제공하는 것이지요. 특히, 위기 상황에서 환경 감시의 기능은 더욱 중요해집니다. 요즘의 코로나19 바이러스가 발생한 상황을 생각해 보면 되겠네요. 도대체 코로나19 바이러스가 무엇이고, 어디서 어떻게 발생했으며, 확진자가 어디서 나왔고 동선은 어떤지, 어떻게 대처해야 하는지를 대중들은 미디어를 통해 접하게 됩니다. 신문과 방송뿐만 아니라 소셜 미디어 역시 정보를 전달하는 주요 채널이 되지요.

둘째는 해석을 통한 조정의 기능입니다. 단순히 무슨 일이 벌어지고 있는지 알리는 것을 넘어, 왜 그런지 원인과 이유를 밝혀내고 해석하는 것입니다. 나아가 우선순위와 방향성을 제시하기도 합니다. 또한 정부 정책을 비판하고 기업의 비리를 파헤치는 순기능도 있지만, 정치권력이나 자본, 이익 단체 등의 영향으로 왜곡 보도를 한다면 역기능이 발생할 수도 있겠지요. 이 기능은 전통적으로 신문과 방송의 절대적인 영역이었으나 지금은 수많은 사람

1부 세상은 온통 미디어야!

들이 블로그, 소셜 미디어, 유튜브를 통해 특정 이슈에 대한 다양한 해석을 내놓기도 합니다.

셋째는 문화 전승과 규범 제시의 역할입니다. 미디어는 사회 가치와 규범뿐만 아니라 사회가 보유하고 있는 각종 정보를 한 세대에서 다음 세대로, 혹은 그 사회로 편입된 새로운 구성원들에게 전수하는 기능을 가집니다. 우리 사회에서 수용할 만한 윤리적 선을 제시하기도 합니다. 과거에 텔레비전 드라마에서 두 사람이 침대에 눕는 장면까지만 보여 줬다면, 지금은 진하게 키스하는 장면까지도 거침없이 나오지요. 음악 프로그램에서 가수들의 노출 정도의 변화를 봐도 느낄 수 있지요. 또한 세대 간의 공감할 수 있는 콘텐츠를 통해 문화를 만들어 가는 역할도 합니다. 논란이 일면 반박하고, 합의를 이루고, 또 다른 의견을 제시하는 장이 바로 미디어입니다.

마지막으로 오락과 휴식의 기능입니다. 미디어는 뉴스나 논평을 전달하기도 하지만 흥미 위주의 콘텐츠로 기분을 전환해 주고 휴식을 돕는 오락 기능도 갖고 있습니다. 영화나 음악, 게임은 이와 같은 오락 기능이 강한 콘텐츠지요. 물론 이들 미디어를 통해서 정보를 얻기도 하고요. 소셜 미디어나 메신저, 유튜브 역시 정보와 오락의 욕구를 충족시켜 줍니다.

미디어의 영향력은 어느 정도일까?

이처럼 중요한 기능을 하는 미디어가 우리 삶에 미치는 영향력은 어느 정도일까요? 뉴스 기사나 프로그램도 하나의 상품입니다. 하지만 미디어는 정치와 경제, 사회, 문화에 미치는 영향력 면에서 옷이나 신발 같은 일반 상품과는 비교조차 할 수 없는 엄청난 힘을 가집니다. 몇 가지 사례를 통해 미디어의 영향력을 되짚어 보고자 합니다.

1972년, 미국의 신문사인 〈워싱턴포스트〉는 닉슨 대통령이 야당 선거 캠프에 도청 장치를 설치했다는 기사로 대통령의 하야 선언을 이끌어 냈습니다. 야당 선거 캠프가 워터게이트 호텔에 꾸려졌기 때문에 '워터게이트 사건'으로 불렸고, 이후 기사를 바탕으로 한 영화가 꾸준히 제작되었습니다. 당시 취재 기자들이 이 사건을 기록한 책은 미국 언론학 수업 교재로도 사용됩니다. 우리나라에서도 한 방송사의 뉴스 보도가 대통령 탄핵의 촉매제가 되었습니다. 해당 방송사는 인지도가 올라갔고 뉴스 시청률과 신뢰도에서 1위에 올랐지요.

뉴스는 이처럼 기업의 부패와 사회 부조리를 고발하는 감시견의 역할을 합니다. 또 뉴스 보도가 나라 경기와 기업의 주가에 미치는 영향에 대한 학자들의 연구도 꾸준히 나올 만큼 경제에 미치는 영향력도 큽니다. 뉴스 보도 하나로 기업의 존립이 위기에 처하기도 하고, 물가 상승, 실업률, 전세 대란과 같은 뉴스를 자주 접하면 사람들이 불안감을 느껴 경기가 위축 되지요.

한 편의 영화와 드라마, 음악이 미치는 사회 문화적 영향력은 이제 더 강조하지 않아도 되겠지요. 광주 인화원에서 벌어진 장애 학생 성폭행 사건이라는 실화에 바탕을 둔 영화 〈도가니〉가 상영되고 나서, 장애 아동에 대한 성폭행은 공소 시효가 없고 피해자가 고발하지 않아도 수사가 진행된다는 '도가니법'이라는 특별법이 제정될 만큼 영화는 사회에 큰 반향을 불러일으키기도 합니다.

미디어의 문화적 영향력은 가히 폭발적입니다. 한류라는 이름

영화 〈도가니〉 포스터를 활용한
플래카드로 인화학교 개선을
요구하는 시위 현장의 모습.
ⓒ연합뉴스

으로 전 세계에 한국의 문화가 확산되었고, 이는 한국 상품 판매와 국가 이미지 제고에 큰 공헌을 하고 있습니다. 해외에서 한국어 배우기 열풍이 불고 대학에 한국어학과가 줄줄이 생겨날 정도입니다. 드라마에서 등장인물이 이용한 상품은 품절 현상이 일어나고, 배경이 된 제작 현장은 관광 상품이 되어 외국인을 불러들입니다. 아이돌 그룹인 방탄소년단의 명성은 아시아를 넘어 유럽과 북아메리카에까지 닿았지요. 영국 언론에서 영국의 자랑이자 자존심인 비틀즈를 능가한다고 평가했고, 미국에서는 주간지 〈타임〉의 표지 모델로 등장했으며 주요 방송사에 초청되기도 했습니다.

표현의 자유? 적절한 규제?

이처럼 큰 영향력을 가진 미디어를 일반 상품과 동일하게 취급할 수는 없겠지요. 그래서 정부가 개입해 규제하게 됩니다. 기본적으로 언론의 자유와 표현의 자유는 헌법으로 보장되지만 영향력에 대한 책임이 따르기 때문입니다. 한 사람의 의사가 실수를 하면 한 사람의 환자가 위험해지지만, 미디어는 한 가지만 실수를 해도 수많은 사람들이 위험에 처할 수 있습니다. 물론 영향력이 크다고 무조건 규제해야 하는 것은 아닙니다. 그러나 사실이 아닌 기사, 의도적으로 왜곡된 정보, 선정적이고 자극적이거나 타인의 프라이버시를 침해하는 콘텐츠는 분명히 걸러져야 합니다.

과거에는 국가마다 자체 미디어를 규제하는 것으로 충분했습니다. 한국의 신문과 방송, 영화와 음악은 한국에서, 미국의 미디어는 미국에서 각각 상황에 맞게 규제하면 됐습니다. 그러나 인터넷이 콘텐츠를 실어 나르는 가장 보편적인 통로로 작용하면서 국경이 사라졌습니다. 한국의 콘텐츠뿐만 아니라 전 세계 어느 나라의 콘텐츠도 국경을 넘어 어디든지 닿을 수 있습니다. 그만큼 미디어의 영향력도 커질 수밖에 없는 거지요. 인터넷 세상에서는 국내 기업보다는 페이스북, 아마존, 구글, 애플과 같은 글로벌 기업들이 국경을 초월해 미디어 이용자들을 사로잡고 있습니다. 국내법으로는 이들 해외 사업자를 규제할 수 없기 때문에 국내 사업자와 해외 사업자의 불평등 규제가 문제로 지적되고 있습니다.

자유로운 것이 다 좋은 것일까?

미디어의 막강한 영향력에 대해 얘기하다 보니 무조건 규제를 해야 한다는 것처럼 들릴 수도 있겠지만, 결코 그런 뜻

은 아닙니다. 과도한 규제는 표현의 자유를 억눌러서 창의적인 콘
텐츠 생산을 억제합니다. 양질의 콘텐츠가 제작되고 확산되는 순
환 구조를 만들어 내면서 공정 경쟁을 통해 거대 사업자의 횡포를
막을 수 있는 현실적이고 바람직한 규제가 필요하다는 이야기입
니다.

통신과 기술의 발달은 세상을 전례 없는 속도로 변화시키고 있
습니다. 쇼핑, 결제, 업무, 학습, 의료, 교통수단까지 모든 시스템
이 변하고 있지요. 무엇보다도 우리 삶의 소통 방식이자 가장 많
은 시간을 할애하는 미디어 이용 행태가 변하고 있습니다. 정해진
시간과 제한된 공간에서만 신문과 텔레비전을 보고 음악을 듣고
영화를 보던 시대를 넘어 이제 언제 어디서나 우리는 미디어 콘텐
츠를 소비할 수 있지요.

또 미디어 기업이 만든 콘텐츠를 일방적으로 받아서 이용하기
만 했던 소비자에서 누구나 콘텐츠를 만들어 세상에 선보이는 제
작자가 되었습니다. 윤전기 없이도 뉴스를 온라인으로 발행하고,
초고가의 방송 장비 없이도 누구나 스마트폰으로 방송을 할 수 있
습니다. 기술 발달로 기존의 방송도 소수 채널에서 몇 백 개의 채
널로 늘어났고, 인터넷 신문의 수는 종이 신문보다 몇 곱절 많습
니다. 온갖 종류의 콘텐츠를 쏟아 내는 1인 방송 채널과 소셜 미
디어에 포스팅하는 글과 사진, 동영상은 도저히 셀 수가 없습니
다. 메신저를 통해 확산되는 정보의 양은 그야말로 상상을 초월합
니다. 게다가 디지털 미디어는 국경도 없이 전 세계를 넘나듭니

다. 뉴스와 정보, 오락의 과잉 시대입니다. 서로 연결된 세상이 편리하고 유용하지만 한편으로는 과잉 연결 사회가 불러오는 피로와 그릇된 정보의 만연이 문제가 되기도 합니다.

미디어, 어떻게 쓰고 있나요?

미디어가 넘쳐나는 세상에서 여러분은 미디어로부터 얼마나 자유로운가요? 정치도, 경제도, 사회도, 문화도 미디어의 영향을 받아 변화하는데 개인이 아무런 영향도 받지 않을 수 있을까요? 미디어에 대해 구체적으로 알아보기 전에 여러분의 미디어 이용 현실을 한번 돌아보면 좋겠습니다. 어떤 미디어를 접하고, 하루에 얼마나 콘텐츠를 소비하나요? 앞서 언급했듯이 미디어는 콘텐츠를 전달하는 매개체이고 콘텐츠는 여러분의 시간과 관심을 끌어당기는 문자, 사진, 음악, 동영상 등 모든 형식의 정보와 오락물입니다. 종이 신문을 읽나요? 방송 뉴스를 텔레비전으로 보나요? 포털은 얼마나 이용하고 어떤 콘텐츠를 이용하나요? 소셜 미디어나 메신저에 중독되어 있지는 않나요?

미디어를 얼마나 접하고 어디서 어떻게 뉴스와 정보를 얻으며 어떤 방식으로 동영상을 보는지, 어떤 콘텐츠를 좋아하고 어떤 콘텐츠는 보지 않는지, 친구들과는 어떤 수단으로 소통하고 어떤 정보와 오락 콘텐츠를 나누는지 이번 기회에 한번 되돌아보세요. 지혜로운 미디어 생활의 첫걸음이 될 겁니다. 그런 의미에서 다음에는 한국언론진흥재단에서 실시한 십 대의 미디어 이용 실태 조사 결과를 토대로 청소년의 미디어 이용 현황을 살펴보려 합니다. 여러분의 모습과 비교해 보면서 읽으면 더 흥미로울 것 같습니다.

7월, 정부가 폭식을 조장하는 먹방이나 광고에 대한 가이드라인을 만들어 모니터링을 강화하겠다고 발표하자 '지나친 규제'라는 비판이 일었다. 하지만 미디어에 쉽게 영향을 받는 아동이나 청소년들을 위해 일정 부분 제한이 있어야 한다는 게 전문가들의 지적이다. (동아일보, 2018.10.11)

전문가는 미디어가 전하는 폭력적 장면은 정당화 또는 미화되거나 폭력에 따른 결과를 보여 주지 않는 등 사소화 과정을 거치기 때문에 미성년자에게 폭력의 둔감화와 모방 범죄를 부추길 수 있다고 전했다. (아시아경제, 2019.10.1)

청소년들이 쉽게 접하는 TV 드라마나 웹툰 등 미디어에서 구체적인 자살 방법을 묘사하는 등 선정적이고 자극적인 자살 장면이 빈번하게 등장하는 것으로 나타났다. 하지만 청소년들은 이 같은 자살 콘텐츠에 큰 문제의식을 느끼지 않는 것으로 나타나 모방 자살 등 부정적인 영향을 초래할 수 있다는 우려가 있다. (연합뉴스, 2017.8.30)

전문가들의 연구나 설문 조사 결과를 보면 미디어가 청소년에게 미치는 부정적인 영향에 대한 우려의 목소리가 높습니다. 도 대체 미디어가 뭐길래 이렇게 온통 미디어 타령일까요? 미디어가 무엇이고, 실제로 여러분에게는 어떤 영향을 미치고 있는지, 그리고 앞으로 어떤 미디어가 더 큰 힘을 지니고 영향력을 행사하게 될지 이야기해 보았으면 합니다.

깨미주 ～～～～～～～～～～～～～～～～～～～ 1

여러분이 생각하는 미디어는 무엇인지 여러분의 언어로 정의를 내려 보기 바랍니다. 왜 그렇게 정의했는지 이유를 이야기해 보고, 미디어라고 생각되는 것들을 열거해 보세요. 또 여러분에게 가장 중요한 미디어는 무엇인지 친구들과 토론해 보세요.

깨미주 ～～～～～～～～～～～～～～～～～～～ 2

여러분이 미디어의 영향력에 대해 깨달은 사례는 무엇인가요? 미디어가 여러분의 가정이나 학교생활에 미친 영향을 찾아보고 친구들과 이야기해 보세요. 긍정적인 영향과 부정적인 영향 모두 좋습니다.

깨미주 ～～～～～～～～～～～～～～～～～～～ 3

여러분이 쓰고 있는 미디어 가운데 해외 사업자가 시작한 것들이 무엇인지 나열해 보세요. 또 국내 사업자 중에 경쟁자가 있는지도 찾아보고, 앞으로 누가 더 우월한 지위를 누릴 수 있을지 친구들과 토론해 보세요.

십 대, 어떤 미디어를
얼마나 사용하고 있을까?

청소년들은 어떤 미디어를 이용할까요? 우리는 아침에 일어나서 잠들기 전까지 자의든 타의든 미디어에 노출되고, 또 미디어를 이용합니다. 청소년들의 미디어 이용 행태에 대한 조사는 한국언론진흥재단*에서 2016년에 이어 2019년에 두 번째로 이루어졌습니다.** 2016년에 초등학교 4학년이던 친구들은 중학생

* 한국언론진흥재단은 저널리즘 발전을 위해 언론사 지원, 언론인 교육, 미디어 리터러시 교육, 저널리즘 관련 연구와 조사 등을 수행하는 공공 기관입니다.

** '10대 청소년 미디어 이용 조사'는 2019년 6월 19일부터 7월 19일까지 약 1개월간 전국의 341개 학교(초·중·고)를 조사하였고 응답한 학생 수는 2363명입니다. 2016년에는 311개 학교, 2061명을 조사했습니다.

이, 중학생이던 친구들은 고등학생이 되었겠지요? 그리고 3년이
란 시간 동안 미디어를 둘러싼 환경, 기술, 플랫폼과 서비스, 콘텐
츠 등에도 많은 변화가 있었습니다. 여기에서는 2019년의 조사 내
용을 중심으로 요즘의 청소년(만 10~19세)들이 미디어를 어떻게
이용하고 있는지 보여 주려 합니다. 2016년과 비교해 어떤 변화
가 있었는지도 중간중간 살펴보겠습니다. 이 조사 결과가 나의 미
디어 이용 패턴과 어떻게 같은지 혹은 어떻게 다른지 비교해 보는
것도 흥미롭겠지요. 2016년 당시 나의 미디어 이용 패턴과 현재도
비교해 보세요.

청소년의 일상에서 가장 중요한
미디어, 모바일 인터넷

우리는 일상에서 많은 미디어를 이용합니다. 청소년
들이 일상에서 가장 중요하게 여기는 미디어는 무엇일까요? 스마
트폰이 가장 중요하다고 응답한 청소년이 85.8퍼센트로 가장 많
았고, PC가 71.1퍼센트, 텔레비전이 34.5퍼센트, 라디오가 9.6퍼센
트, 신문이 8.4퍼센트 순이었습니다. 미디어 서비스의 경우는 포
털 및 검색 엔진 81.9퍼센트, 메신저 서비스 76퍼센트, 온라인 동
영상 플랫폼 68.2퍼센트, SNS 51.2퍼센트, AI 스피커 28.7퍼센트
순이었고요.

그렇다면 청소년들이 평소 관심 있는 주제를 찾을 때 가장 많

이 이용하는 미디어 서비스는 무엇일까요? 성인들은 주로 포털 사이트에서 검색을 하지만 청소년들은 유튜브와 같은 온라인 동영상 플랫폼을 가장 많이 이용합니다. 포털 및 검색 엔진, 그리고 SNS가 그 뒤를 잇지요. 흥미로운 것은 청소년 중에서도 초등학생의 경우, 절반 이상이 온라인 동영상 플랫폼이라고 응답했다는 겁니다. 청소년들 사이에서도 세대 차이가 나지요?

20세 이상 성인들과 비교할 때, 청소년들의 미디어 이용에서 가장 두드러진 점은 모바일 인터넷 이용입니다. 청소년들의 모바일 인터넷 이용률은 97.2퍼센트로, 100명 중 3명을 제외한 모두가 사용한다는 의미이지요. 여기서 이용률이란 '지난 일주일 동안 한 번이라도 해당 미디어를 이용했다고 응답한 비율'을 말합니다.

2016년 조사 결과와 비교해 보면, 모바일 기반 인터넷 이용률은 91.7퍼센트에서 97.2퍼센트로 증가했고, PC 기반 인터넷 이용률은 72.5퍼센트에서 68.7퍼센트로 감소했습니다. PC를 통한 인터넷 이용은 성인들도 줄어들고 있는데, 스마트폰 보급이 확산되면서 대부분의 인터넷 이용이 모바일로 옮겨 갔다는 것을 의미합니다.

우리 손에 착 붙어 버린 스마트폰

그렇다면, 청소년들이 하루 24시간 중 미디어를 이용하는 시간은 얼마나 될까요? 하루 동안 이용하는 모든 미디어의 이용 시간을 더해 보면 평균 362.5분, 하루에 약 6시간 정도 미디어를 이용하고 있는 것으로 나타났습니다. 고등학생이 425.5분(약 7시간)으로 가장 길었고, 중학생은 400.1분(약 6.7시간), 초등학생은 255.2분(약 4.2시간)이었습니다.

미디어별로 보면 모바일(스마트폰과 태블릿 PC 포함)로 인터넷을 하는 시간이 197.8분으로 가장 길었고, 다음이 텔레비전, PC 인터넷 순이었습니다. 라디오나 종이 신문을 이용하는 시간은 채 10분을 넘지 않았습니다. 흥미로운 점은 2016년 조사 결과와 비교해 볼 때, PC로 인터넷을 이용하는 시간이나 텔레비전, 라디오, 종이 신문의 이용 시간은 거의 변화가 없는데, 모바일로 인터넷을 이용하는 시간은 1시간이나 증가했다는 점입니다.

이쯤 되면 '모바일의 습격'이라 부를 만합니다. 스마트폰은 블

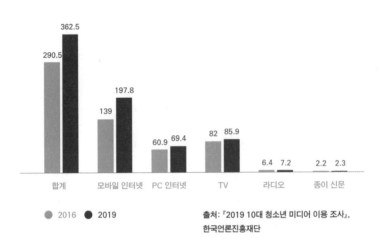

청소년들의 하루 평균 미디어 이용 시간(단위: 분)

출처: 『2019 10대 청소년 미디어 이용 조사』, 한국언론진흥재단

1부 세상은 온통 미디어야!

랙홀처럼 우리의 시간을 빨아들이고 있습니다. 이는 청소년들의 스마트폰 보유율의 극적인 변화만 보더라도 쉽게 알 수 있습니다. 정보통신정책연구원의 2018년 조사에 따르면, 초등학교 3~6학년의 경우, 2011년에는 스마트폰 보유율이 3.9퍼센트로 매우 낮은 수준이었으나 2017년에 70.2퍼센트로 6년 동안 약 66.3퍼센트나 상승했습니다. 중·고등학생의 2011년 스마트폰 보유율은 17.4퍼센트였으나, 2012년을 기점으로 급격히 상승하여 2017년에는 93.0퍼센트로 6년 동안 약 75.6퍼센트 상승했지요.

텍스트보다 동영상, 궁금한 것도 포털보다 유튜브로!

최근 전 세대에 걸쳐 유튜브 이용이 크게 늘어났습니다. 특히 청소년들의 유튜브 이용률은 98.1퍼센트에 달합니다. 거의 모든 청소년들이 이용하고 있다는 의미지요. 유튜브 외에도 여러 동영상 플랫폼을 이용하지만 단연 유튜브가 압도적이에요.

유튜브와 같은 동영상 플랫폼을 청소년들은 왜 이용하고, 무엇을 이용할까요? 우선 이용 이유에 대해서는 '다양하고 재미있는 콘텐츠가 많아서'라는 응답이 제일 많았습니다. 다음은 '시간을 때우기 위해', '새로운 정보/뉴스를 얻기 위해', '내가 찾고자 하는 맞춤형 정보가 많아서' 순으로 나타났고, '정보를 동영상 형태로 보는 것이 이해가 더 잘돼서', '관심사를 공유하기 위해', '소통/대화를 하기 위해', '공부에 도움이 되기 때문에' 등의 이유가 이어졌습니다. 영상 세대의 면모를 보여 주는 흥미로운 응답 중 하나는 텍스트보다 동영상으로 보는 것이 이해가 더 잘된다는 응답입니다. 포털에서 검색을 하면 아재고, 유튜브에서 하면 젊은 세대라는 말이 나오기도 했지요.

동영상 플랫폼에서 이용하는 서비스나 콘텐츠로는 게임이 1위로 나타났습니다. 지난 한 주간 이용한 콘텐츠를 구체적으로 보면, 복수 응답 기준으로 게임을 가장 많이 이용했네요. 뒤를 이어 음악/댄스, 드라마/예능, 먹방/쿡방, 스포츠, 애니메이션, ASMR, 토크/캠방, 패션/뷰티 등 다양한 콘텐츠를 이용한 것으로 나타났습니다. 유튜브를 통해 뉴스나 시사 정보를 접하는 비율도 전통적인 뉴스 제공 미디어인 신문 이용률보다 높게 나타나고 있습니다.

지난 한 주간 이용한 온라인 동영상 서비스 종류(단위: 퍼센트, 복수 응답)

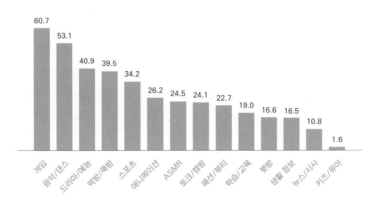

출처: 『2019 10대 청소년 미디어 이용 조사』,
한국언론진흥재단

1부 세상은 온통 미디어야!

아 참, 유튜브에 채널을 만들어 콘텐츠를 직접 올리는 청소년들도 많을 텐데 이번 조사에 그 내용은 빠져 있네요. 3년 후 조사에서는 꼭 포함해서 물어야 할 것 같습니다. 많은 청소년들의 꿈이 1인 크리에이터인 시대이니까요.

나의 유튜브 채널 레퍼토리는?

그렇다면 우리는 유튜브의 그 많은 채널과 콘텐츠 중에서 어떻게 내게 맞는 콘텐츠를 선택해 이용하고 있나요? 한국언론진흥재단의 조사에서는 검색창에서 검색을 통해 이용하는 방식이 가장 많았고, 다음으로 홈 화면에서 추천된 영상을 선택하거나, 본인이 구독하고 있는 채널을 통하는 것이 보편적인 이용 방식으로 나타났습니다. 클릭한 동영상 페이지에서 추천해 주는 영상을 이용하거나 유튜브에서 제공하는 인기 메뉴를 이용한다는 비율도 높았습니다. 추천을 받아 이용하는 것은 검색이나 구독과 비교할 때 수동적인 이용 방식으로 볼 수 있으나 편리한 방식이기도 하지요. 유튜브는 내가 원하는 것, 내가 좋아하는 것들을 너무나도 잘 알고 있으니까요. 유튜브의 추천 알고리즘에 대한 궁금증도 생기죠? 이 내용은 뒤에서 다시 이야기해 보도록 하지요.

이처럼 많은 청소년들이 자신이 좋아하는 채널을 구독하고 있습니다. 텔레비전 방송 채널 수는 수백 개 이상으로 늘어났지만 사람들은 보통 8~12개 정도의 채널을 주로 이용한다는 연구 결과가 있습니다. 이를 '채널 레퍼토리'라고 하는데, 노래방에 가서 부르는 노래의 레퍼토리를 생각해 보면 이해가 쉬울 겁니다. 수천 곡의 노래 중에서도 우리가 즐겨 부르는 레퍼토리, 다시 말해 애창곡은 10여 곡 정도가 아닐까요? 여러분의 유튜브 채널 레퍼토리는 몇 개나 되나요? 청소년 열 명 중 한 명(10.9퍼센트)은 구독하는 채널이 없다고 답했지만 전체 평균은 18개 채널이었습니다. 20개 미만이라는 응답이 65.2퍼센트(1~5개: 23.9퍼센트, 6~10개: 21.6퍼센트, 11~20개: 19.7퍼센트)였고요, 네 명 중 한 명(23.8퍼센트)은 20개가 넘는다고 응답했네요(21~50개: 16.1퍼센트, 51개 이상: 7.7퍼센트). 어른들에게 채널은 텔레비전 채널이 전부였는데, 청소년들에게 채널은 유튜브 채널이 된 것 같습니다.

소통의 중심, 메신저

카카오톡은 2019년에 이용자 수가 4300만 명에 도달했습니다. 그야말로 국민 메신저라고 표현할 만합니다. 글이나 말보다는 '톡'을 선호하는 청소년들의 소통 방식을 생각해 보면 청소년의 메신저 이용에 더욱 주목할 필요가 있습니다. 청소년들이 가장 많이 이용하는 메신저 서비스 역시 여전히 카카오톡으로, 전체 조사 대상자의 92.5퍼센트의 이용률을 보입니다. 페이스북 메신저를 이용하는 친구들도 56.1퍼센트로 높게 나타났습니다. 그 밖에 인스타그램 다이렉트 메시지, 트위터 다이렉트 메시지 이용자들도 있었습니다.

여기서 흥미로운 점은 메신저마다 다른 용도로 사용한다는 것입니다. 카카오톡은 주로 부모님이나 선생님과 대화할 때 사용하고, 페이스북 메신저는 친구와 일상적인 대화를 나눌 때 사용한다고 해요. 페이스북 메신저는 접속 상태와 현재 사용 여부도 바로

확인할 수 있기 때문에 빠른 피드백을 원하는 청소년들의 특성상 많이 사용하고 있답니다. 청소년들에게 카카오톡이 공식적인 소통용, 예를 들면 학교 공지 알림이나 부모님과의 소통을 위한 수단이라면 페이스북 메신저는 좀 더 친근한, 친구들과의 소통용이라고 해야 할까요? 이용하는 데 조금 구분이 되지요.

메신저 서비스를 이용하는 이유는 당연히 '소통/대화를 하기 위해서'(90.4퍼센트)겠지요. 흥미로운 점은 대화나 소통의 연장선이기는 한데, 흔히 '단톡방'이라고 부르는 '단체 대화방을 이용할 수 있어서'라는 응답도 58.6퍼센트나 되었습니다. 그 밖에 '친구의 최신 소식을 알고 싶어서', '정보 공유가 편리해서', '다양하고 재미있는 콘텐츠가 많아서', '시간을 때우기 위해', '새로운 정보/뉴스를 얻기 위해', '관심사 공유를 위해', '공부에 도움이 되기 때문에' 등의 다양한 이유가 있었습니다. 카카오톡과 같은 메신저 서비스 이용 때문에 오프라인 대화가 줄어들었을 것 같은데, 이에 대한 질문은 조사에서 빠져 있네요.

SNS? 재미있으니까!

청소년들은 어떤 SNS를 더 많이 이용하고 있을까요? 여전히 페이스북이 가장 높은 비율로 나타났지만 과거보다 이용률은 줄어들었고, 인스타그램이 성장하면서 바짝 뒤를 쫓고 있어요. 영국 로이터 저널리즘 연구소의 2018년 조사에 따르면, 페이

청소년들의 지난 한 주간 SNS 이용률(단위: 퍼센트)

유형	전체 (1529)	초등학생 (209)	중학생 (601)	고등학생 (719)
페이스북	80.3	56.5	88.8	80.1
인스타그램	61.0	47.0	52.7	72.1
트위터	25.3	22.3	26.7	24.9
틱톡	20.6	58.3	23.0	7.7
밴드	8.4	18.4	9.4	4.7
카카오스토리	4.3	14.5	3.9	1.6
핀터레스트	2.5	1.9	3.0	2.3
텀블러	1.4	0	0.7	2.4
링크드인	0.2	0.4	0.5	0
싸이월드	0.2	0.4	0.4	0
빙글	0.2	0	0.3	0.1
기타	0.9	4.2	0.3	0.5

출처: 『2019 10대 청소년 미디어 이용 조사』
한국언론진흥재단

스북은 젊은 층에서 빠른 이탈이 일어나고 있습니다. 페이스북은 '소름 끼치는'(creepy), '쿨하지 않은 아저씨'(uncool uncle) 같은 이미지로 인식하고 있는 반면, 우리나라의 카카오톡과 유사한 왓츠앱(WhatsApp) 메신저에 대해서는 '절친'(best friend)의 이미지로 인식하고 있었습니다.

그리고 2016년에는 새로운 서비스가 등장했습니다. 바로 틱톡(TikTok)인데요. 틱톡은 중국의 스타트업 기업인 바이트댄스가 선을 보인 '숏폼 비디오'(short-form video·짧은 동영상) 애플리케이션이자 소셜 네트워크 서비스입니다. 틱톡은 전 세계 이용자의 약 60퍼센트가 15~25세로, '세상에서 가장 어린 소셜 네트워크'라고 하네요. 우리나라 초등학생의 틱톡 이용률은 58.3퍼센트나 됩니다. 초등학생들에게 틱톡이 인기인 이유는 길게 글을 쓰지 않아도 되고, 고도의 영상 제작 기술을 요구하지 않기 때문에 누구나 쉽게 동영상을 올릴 수 있다는 점과 15초라는 시간적 제약이 부담 없기 때문인 듯합니다.

청소년들이 SNS를 이용하는 이유는 '다양하고 재미있는 콘텐츠가 많아서'와 '소통/대화를 하기 위해서'가 가장 높게 나타났습니다. 재미와 소통은 청소년들에게 정말로 중요한 미디어 이용 동기라는 것을 다시 한번 확인한 셈이지요. 다음으로 '친구의 최신 소식을 알고 싶어서', '새로운 정보/뉴스를 얻기 위해', '시간을 때우기 위해' 이용한다는 응답률이 높았습니다. 이 밖에 '관심사와 나의 일상생활 공유'도 중요한 이용 동기로 나타났습니다. '현실로부터 벗어나 스트레스를 해소할 수 있어서', '나 자신을 잘 표현할 수 있는 공간이라서', '공부에 도움이 되기 때문에'라는 대답도 있군요. 여러분은 어떤 이유로 SNS를 사용하나요?

뉴스도 SNS와 온라인 동영상 플랫폼으로!

그렇다면 재미를 떠나 뉴스와 같은 정보는 어떨까요? 흔히 청소년들을 영상 세대라고 하는데, 청소년뿐 아니라 성인들도 이제는 텍스트가 아닌 동영상을 선호하고 있습니다. 뉴스도 동영상 이용이 대세지요. 청소년들은 하루 평균 1시간 정도 뉴스나 시사 정보를 이용한다고 응답했습니다. 주로 스마트폰으로 뉴스를 보고 있었습니다. 뉴스를 접하는 플랫폼으로는 SNS, 온라인 동영상 서비스, 메신저 서비스, 포털, 언론사 사이트 등 매우 다양했습니다. 인공지능 스피커로 뉴스를 이용한다는 비율도 10퍼센트 정도 되었는데, 이는 종이 신문으로 뉴스를 보는 비율보다 더 높은 수치였습니다.

2016년 조사 결과와 비교할 때, 청소년들의 전체 뉴스 이용 시간은 늘어났고 이용하는 미디어/플랫폼도 더 다양해졌으며 온라인 플랫폼별 뉴스 이용률과 이용 시간도 증가했음을 알 수 있습니다. 그러나 자신이 읽은 뉴스가 어느 언론사 뉴스인지를 확인하거나 내용의 정확성을 판단하거나, 또는 다양한 관점의 뉴스를 비교해 보며 읽기는 저조한 수준입니다. 뉴스에 대한 신뢰도도 전반적으로 낮은 편이고요. 언론인을 신뢰한다는 비율도 10명 중 3명 정도였습니다. 정작 많이 이용하고 있는 온라인 동영상 플랫폼이나 SNS 뉴스를 신뢰한다는 비율은 더 낮았습니다. 여기서 우리는 무엇을 생각해 봐야 할까요?

꿈과 미래, 행복을 위한 미디어 이용을 향해서

지금까지 청소년들의 미디어 이용에 대한 조사 결과

를 간단히 소개했습니다. 더 자세한 조사 결과는 한국언론진흥재단에서 2019년 발간한 『2019 10대 청소년 미디어 이용 조사』를 보면 됩니다. 이 조사의 내용은 아니지만, 그동안 청소년의 미디어 이용과 관련해서 어른들의 관심은 주로 중독이나 사이버 폭력, 사이버 왕따 같은 사이버불링(cyberbullying)에 집중되어 있었습니다. 학계의 연구나 언론 보도도 이러한 부정적인 측면에 주로 초점이 맞추어져 있었지요. 중독이나 사이버불링이 우리 사회가 관심을 가져야 할 중요한 이슈임에는 틀림없지만, 이제는 청소년들의 일상, 재미, 꿈, 미래, 행복 등에 초점을 맞추어 미디어 이용을 살펴보아야 할 때입니다. 올바른 미디어 이용은 청소년들이 행복한 사회를 만드는 데 중요한 바탕이 되어 줄 것입니다.

깨어 있는 미디어 주인 되기

미국 존스홉킨스대 연구팀이 미국 청소년 6만 5000여 명을 대상으로 한 연구 결과에 따르면, 하루 3시간 이상 소셜 미디어에 매달리는 만 12~15세 청소년은 전혀 접속하지 않는 청소년보다 우울증, 불안감, 고립감, 반사회 성향 등을 경험할 위험이 2배나 큰 것으로 밝혀졌다. 소셜 미디어를 이용하는 시간이 길수록 이런 위험도 비례해서 커졌는데 하루 6시간 이상 소셜 미디어에 매달리는 청소년은 우울증이나 고립감, 반사회 성향 등 정신적 문제를 겪을 위험이 4배나 더 큰 것으로 나타났다. (아시아경제, 2019.10.30)

영국 일간지 더 타임스는 6일(현지 시간) 옥스퍼드대 연구팀이 수년에 걸친 종합적인 연구를 통해 SNS 이용 시간이 삶의 만족도에 부정적인 영향을 미친다는 기존 학설을 비판했다고 보도했다. 기존 연구들은 SNS를 이용하는 청소년이 이를 이용하지 않는 청소년보다 덜 행복하다는 결론을 내렸다. 옥스퍼드대 연구팀은 기존 연구가 SNS 이용이 불행을 초래하는지 혹은 불행한 청소년이 온라인에서 위안을 찾는지를 구분하지 못했다고 지적했다. (연합뉴스, 2019.5.7)

1장 왜 미디어를 알아야 할까?

이 기사들은 소셜 미디어에 국한해서 미디어 이용과 행복감의 관련 여부를 이야기하고 있습니다. 소셜 미디어뿐만 아니라 신문과 방송 같은 전통 미디어를 포함해 여러분의 다양한 미디어 이용 경험을 바탕으로 미디어와 내 삶의 관계를 생각해 보면 어떨까요?

깨미주 〰〰〰〰〰〰〰〰〰〰〰〰〰〰〰〰 1

여러분은 어떤 미디어를 얼마나 이용하나요? 일주일 정도 자신의 미디어 일지를 적어 보면 좋습니다. 시간대별로 언제, 얼마나, 어떤 미디어에서 무엇을 보았는지, 그리고 어떤 기기를 이용했는지 표로 만들어 정리해 보세요. 미디어 이용 습관에서 전반적으로 작년에 비해 변화가 있는지도 판단해 보고, 나아가 친구들과 우리 가족들의 미디어 이용 시간과 비교해 보세요.

깨미주 〰〰〰〰〰〰〰〰〰〰〰〰〰〰〰〰 2

미디어 일지를 적어 보면 여러분의 미디어 이용이 보다 명확하게 드러나겠지요. 아침에 눈을 뜬 순간부터 잠들기 직전까지 다양한 형태의 미디어를 이용하고 있을 겁니다. 여러분이 가장 많이 이용하는 미디어와 콘텐츠, 서비스는 무엇인가요? 반면 잘 이용하지 않는 미디어는 무엇이며, 그 이유는 무엇인가요?

미디어가 우리를 행복하게 만들어 줄까요? 각자의 미디어 일지를
활용하여 미디어 이용과 우리의 행복을 연결해서 친구들과 토론해
보세요.

2부

2장

혼자 하는
영상 방송 시대

변하지 않는 미디어의 중심, 영상 방송의 모든 것

여러분은 어떤 드라마를 즐겨 보나요? 나의 '최애' 드라마를 선택하는 기준은 무엇인가요? 좋아하는 배우? 흥미로운 스토리? 대한민국 사극 역대 최고 시청률을 기록한 〈허준〉이나 마지막 회에 시청률 50퍼센트를 달성한 〈제빵왕 김탁구〉처럼 특정 드라마에 온 시청자가 몰리는 현상은 이제 찾아보기 힘든 것 같습니다. 사회가 다원화되고 개성이 강조되면서 다양한 주제의 드라마나 예능 프로그램들이 사랑받고 있지요. 주로 출연자들의 재능을 지켜보던 과거와 달리 그들의 자연스러운 모습을 보며 곁에서 함께하는 듯한 생활 밀착형, 체험형의 〈삼시세끼〉 시리즈와 같은 예능이 인기를 끌고, 케이블 채널에서는 퇴마나 범죄 스릴러처럼 마니아층을 겨냥한 드라마들이 두각을 드러내고 있습니다. 이제

시청률 경쟁보다는 '이슈를 많이 만들어 내는' 프로그램이 중요해지는 추세인 것 같아요. 그렇다 보니 새로운 스타를 탄생시킨 〈미스트롯〉과 〈미스터트롯〉이 엄청난 주목을 받는가 하면, 내로라하는 연기파 배우들과 재미있는 스토리텔링의 힘으로 많은 사랑을 받은 〈슬기로운 의사생활〉의 주인공들이 부른 노래가 음원 사이트 정상을 차지하기도 했지요. 한 프로그램이 미치는 영향력은 점차 넓어지고 다양해지고 있습니다.

이런 면에서 드라마 속에 등장한 소품이 불티나게 팔리기도 합니다. 소위 말하는 PPL(Product Placement)이라는 형식으로, 드라마에서 배우들이 입고 나온 옷이나 액세서리, 가방이 화제가 되어 홍보 효과가 생깁니다. 방송에 맛집으로 한번 소개되면 그야말로

대박이 나기도 하고요. 한류라는 이름으로 아시아를 넘어 전 세계로 퍼져 나간 명품 드라마들 덕분에 한국의 국가 이미지가 높아지고, 가전제품이나 화장품 수출이 늘어나기도 했습니다. 방송의 힘이 참 대단하구나 싶어요. 도대체 "방송이 뭐길래?"라는 질문을 안 할 수가 없네요.

영상 방송의 대표, 텔레비전 방송

'방송'은 한자어로 '놓아서(放) 보낸다(送)'는 뜻입니다. 영어로는 '브로드캐스팅'이니 '넓게(broad) 뿌린다(casting)'로 풀이할 수 있겠네요. 무엇을 놓아 보내고 무엇을 넓게 뿌린다는 걸까요? 앞서 이야기한 콘텐츠지요. 뉴스, 시사 정보, 예능, 드라마, 스포츠 등 각종 프로그램을 내보내는 겁니다.

방송법에 따르면 방송은 지상파 방송이나 유료 방송인 케이블 방송, 위성 방송을 뜻합니다. 지상파니 케이블이니 위성이니 하는 것은 프로그램을 송출하는 기술적 방식을 일컫는 것일 뿐입니다. 결국 우리가 기억하는 건 KBS, MBC, SBS, tvN, JTBC와 같은 채널이고 거기서 보는 프로그램이지요. 사실 어떤 방송사 채널에서 보느냐보다 어떤 프로그램을 보느냐가 더 중요한 거고요. 드라마나 월드컵 결승전을 보는 것이지 특정 채널을 보는 게 아니니까요. 그뿐만 아니라 드라마든 월드컵 결승전이든 그 방송을 꼭 텔레비전 수상기로만 보는 것도 아닙니다. 개인용 컴퓨터나 스마트폰, 태블릿으로 보기도 하니까요. 물론 여러분 중에 텔레비전 안 본 지 오래라는 사람들도 있을 거예요.

그럼에도 텔레비전 방송을 이야기하는 것은 몇 가지 이유가 있어서입니다. 무엇보다도 여전히 거실 한가운데를 차지하고 있는 텔레비전의 위상 때문이지요. 물론 텔레비전이 없는 가정도 있습니다. 최근 1인 가구 수가 늘어나면서 집에 텔레비전 수상기가 없는 '제로 TV' 현상이 더 확대되고 있긴 하지요.

텔레비전은 아주 오랫동안 거실의 주인으로 군림해 왔습니다. 다음 그림은 2013년의 미국 일간지 〈월스트리트저널〉(WSJ)에 실린 삽화입니다. 삽화 속 가족들은 텔레비전을 켜 두긴 했지만 저마다 모두 다른 단말기를 손에 쥐고 있습니다. 유일하게 강아지만

출처: WSJ(2013.10.9)

2부 우리 곁의 미디어, 어떻게 사용할까?

텔레비전을 뚫어져라 보고 있고요. 역시 개는 동서양을 막론하고 충성스러운 동물입니다.

그렇지만 텔레비전은 여전히 가족들이 모여서 시청하는 유일한 매체입니다. 혹시 부모님과 함께 드라마를 보다가 낯 뜨거운 애정 표현 장면이 나와서 난처했던 적은 없나요? 사실 텔레비전의 이런 가족 매체적 속성과 영향력 때문에 규제가 더 심한 면이 있습니다. 아무나 방송사를 설립할 수 없고, 프로그램 내용까지 심의를 받아야 하며, 주요 채널들은 정부로부터 재승인 과정을 거치게 됩니다. 노출이나 언어적 표현, 사회적 행위에 주목하면서 방송에서 다루는 표현 수위를 지적합니다. 결국 텔레비전이 가족과 함께 보는 매체이기 때문에 사회에서 용인할 수 있는 미디어의 윤리적 수준을 결정하는 셈이지요.

여전한 텔레비전 방송의 영향력

"나는 텔레비전 안 보는데요."라고 말하는 사람도 있겠지만 어떤 수단을 통해서 동영상을 보든 텔레비전 프로그램이 많을 거예요. 인터넷에서 짧은 클립으로 보는 드라마도, 예능도, 스포츠도 결국 방송사에서 제작한 프로그램이라는 거지요. 가족이 함께 보는 미디어이고 핵심 동영상의 원천을 제공하는 수단이 텔레비전 방송입니다. 본방송으로 보는 사람은 줄었지만 실제로 그 프로그램을 보는 사람은 더 늘어난 것이 사실입니다. 보는 사람이 많아졌다는 것은 예전보다 프로그램 또는 콘텐츠의 영향력이 더 커졌다는 것을 의미합니다. 그래서 우리는 텔레비전 방송에 주목하지 않을 수 없습니다.

대통령을 당선시킨 텔레비전 토론회

대통령 선거 토론회를 텔레비전에서 본 적이 있지요? 눈여겨보지 않았더라도 다들 알고는 있겠지요. 지금은 우리나라에서도 대통령 선거가 열릴 때면 어김없이 후보들 간의 토론회가 열립니다. 전 국민이 텔레비전을 통해 후보자들의 토론을 생중계로 시청하고요. 대통령 후보 텔레비전 토론은 1960년에 미국에서 세계 최초로 열렸습니다. 당시 8년간 부통령을 지낸 공화당 후보 리처드 닉슨에 비해 민주당 후보였던 존 F. 케네디는 열세에 놓여 있었습니다. 하지만 네 번의 텔레비전 토론을 거치면서 지지율이 역전됐고, 결국 케네디가 대통령에 당선되었습니다. 젊고 지적인 외모를 지닌 케네디의 매력적인 모습이 국민들의 호감을 얻었다는 평가가 있었습니다. 물론 텔레비전에 매력적인 모습으로 비쳤다는 이유만으로 대통령이 될 수는 없겠지만요. 이제는 대통령 후보뿐만 아니라 국회의원이나 지역 단체장 선거 토론회도 텔레비전으로 방송되지요. 이미지와 감성에 호소하는 텔레비전 정치의 부작용에 대해 지적이 일기도 하지만, 국민의 알 권리와 중요성 때문에 텔레비전 토론회는 이어지고 있습니다.

138일간의 대기록, 이산가족 상봉 생방송*

여러분이 태어나기 한참 전의 일이지만 방송의 위력을 이야기하자면 이 프로그램을 언급하지 않을 수 없네요. KBS 특별 생방송 〈이산가족을 찾습니다〉는 1983년 6월 30일부터 11월 14일까지 무려 138일에 걸쳐 453시간 45분 동안 진행됐습니다. 세계적으로도 전례가 없는, 단일 프로그램 최장 기간 연속 생방송이었습니다. 이산가족의 만남을 주선하면서 남북 분단의 아픔을 온전히 드러낸 감동 드라마였지요. 스튜디오에 나와 사연을 소개한 인원만 해도 5만여 명이었고, 방송사 앞은 '누가 이 사람을 아느냐'며 가족의 특징과 이름을 적은 쪽지를 든 이산가족으로 인산인해를 이루었습니다. 40년 가까운 세월 동안 생사조차 모르던 혈육을 다시 만난 그 벅찬 반가움과 헤어져 산 서러움이 한데 뒤엉켜 서로 부둥켜 울부짖는 장면은 그 어떤 드라마보다 극적이었습니다. 이산가족이 없는 일반 시청자들도 밤낮으로 생방송을 지켜보며 함께 눈물 흘렸습니다. 전 세계에 화제가 되어 해외 언론에도 소개되었고, 생방송한 비디오 녹화 원본 테이프, 담당 프로듀서 업무수첩, 이산가족이 직접 작성한 신청서, 일일 방송 진행표, 기념 음반 등 관련 기록물이 유네스코 문화유산으로 지정되었습니다.

특별 생방송 〈이산가족을 찾습니다〉는 텔레비전의 특성과 방송 네트워크의 위력을 유감없이 발휘한 한국 방송사의 이정표적

* 방송문화진흥회, 〈방송대사전〉, 1990.

특별 생방송 〈이산가족을
찾습니다〉 스튜디오의 모습.
ⓒ연합뉴스

인 프로그램입니다. 텔레비전 매체가 지닌 이벤트 메이킹 위력을
가장 성공적으로 과시한 프로그램으로 세계 방송사에 남았지요.

텔레비전, 인터넷으로 옮겨 가다!

청소년의 미디어 이용 실태 조사 결과를 보면 텔레비
전보다는 인터넷을 이용해 동영상을 더 자주 본다는 사실을 알 수
있습니다. 여러분도 요즘 웹 드라마와 웹 예능을 많이들 보지요?
2017년에 시즌 1으로 시작한 웹드라마 〈연예플레이리스트〉는 일
명 '연플리'로 불리며 십 대들 사이에서 죽은 연애 세포도 살린다
는 웹드라마의 대통령으로 화제를 모았어요. 출연진들은 일약 스
타로 떠올랐고, 〈연플리〉 시즌 4는 방영 중에만 1억 뷰를 돌파해
전 시즌 누적 5억 뷰의 기록을 세웠습니다. 열여덟, 고등학생들의
연애와 일상을 다룬 〈에이틴〉도 십 대 시장을 움직였습니다. 청소
년들 사이에서 '도하나 병'이라는 단어가 유행했는데, 〈에이틴〉의

주인공인 도하나의 스타일링과 행동, 말투를 따라하는 것을 병에 비유한 것이라고 하니 영향력이 어느 정도인지 알 만합니다. 여러분은 웹 드라마를 왜 보나요? 십 대들의 우정과 사랑과 고민, 바로 '내 얘기'라는 공감을 불러일으키기 때문이겠지요. 이제 1020을 이해하기 위해서는 웹 드라마를 봐야 한다는 이야기도 들립니다.

드라마뿐만 아니라 예능 프로그램도 웹으로 영역을 넓혀 갔습니다. 2015년에 10분 내외의 짧은 분량으로 화제를 불러일으킨 〈신서유기〉가 대표적인 웹 예능입니다. 인터넷에서의 인기에 힘입어 다음 해부터 텔레비전에서 정규 편성됐습니다. 텔레비전에서 먼저 방송하고 웹으로 옮겨 가던 기존의 현상과 정반대로 흘러간 거지요. 또 웹 예능 〈워크맨〉은 아르바이트 체험을 10분짜리로 구성하고 현장에서 출연진의 즉흥 대사를 살려 눈길을 사로잡았습니다. 아이돌 매니저, 강아지 유치원 교사, 어린이집 교사, 음악 방송 조연출 등 십 대에게 흥미로운 아르바이트 체험들을 소개하며 수백만 명의 유튜브 구독자를 확보하고 있습니다.

웹 드라마와 웹 예능은 방송 프로그램 시장의 진입 장벽을 낮추었습니다. 스타, 수많은 제작 인력, 천문학적 제작비가 필요하지 않거든요. 에피소드 한 편당 60분씩 분량을 맞출 필요도 없습니다. 그래서 광고주들이 타깃으로 삼는 젊은 층에게 효율적으로 다가갈 수 있지요. 광고 규제가 심한 방송사보다 프로그램 화면에 상품을 드러내는 PPL 광고를 좀 더 유연하게 할 수 있습니다. 방송으로 내보내 줄 채널을 찾기 위해 애쓸 필요도 없습니다. 또한 기존 방송에서 잘 다루지 않는 실험적인 소재와 형식이 가능합니다.

이용자 입장에서도 웹 드라마와 웹 예능은 선택의 폭을 넓혀 주었습니다. 청소년들은 집에서 눈치 보며 텔레비전을 켜지 않아도 됩니다. 언제 어디서든 스마트폰이나 PC로 볼 수 있으니까요. 자투리 시간에 볼 수 있는 짧은 분량도 매력이고요. 프로그램을 보면서 실시간 댓글로 소통하며 공감은 더욱 풍부해지지요. 시청자 반응에 따라 스토리가 바뀌기도 합니다. 웹 드라마와 웹 예능은 프로그램이 전달되는 유튜브와 네이버TV, 다음TV 같은 인터넷 동영상 플랫폼의 성장과 함께 빠른 속도로 영향력을 확대해 가고 있습니다.

영상 방송 콘텐츠의 변화와 미래

스마트폰이나 태블릿, 컴퓨터로는 방송사에서 만든 프로그램뿐만 아니라 이렇게 웹에서만 공개되는 웹 드라마와 웹 예능 프로그램까지 만날 수 있습니다. 그렇다면 웹 드라마와 웹 예능은 방송일까요, 인터넷 서비스일까요? 여러분이 즐겨 보는 인터넷 개인 방송에는 아예 '방송'이라는 이름이 붙어 있네요. 유튜브나 아프리카TV 역시 방송인가요, 인터넷 서비스인가요? 어떻게 규정하는가도 중요하지만 결국 우리가 인터넷을 통해 새로운 콘텐츠를 이용하고 있다는 것이 핵심입니다.

인터넷 개인 방송은 일반인 누구나 콘텐츠를 만들어 올릴 수 있습니다. 유튜브 하나에서만도 채널 수가 다 헤아릴 수가 없을 정도로 다양하고 늘 새로운 콘텐츠가 올라옵니다. 수많은 사람들이 유튜브나 아프리카TV와 같은 새로운 통로로 모이는 것은 당연합니다. 여러분도 유튜브 챌린지에 동참해 본 적 있나요? 코로나 19 확산 방지를 위해 최일선에서 밤낮으로 헌신하는 의료진에게 온라인으로 감사의 메시지를 전달하는 '덕분에 챌린지'와 같이 선한 캠페인이 이어졌지요. 새로운 콘텐츠를 만나는 것뿐만 아니라 소통과 유행의 창구로도 활용되고 있습니다.

문제는 이러한 인터넷 개인 방송은 방송법에 규정된 심의나 규제를 받지 않고 있다는 점입니다. 그러다 보니 주목을 끌기 위해 선정적이거나 자극적인 영상물을 올리는 경우가 많아 어린이와 청소년에게 해를 끼칠 수 있다는 우려의 목소리가 높습니다. 그렇다고 인터넷 개인 방송을 규제한다면 새롭고 창의적인 콘텐츠를 가로막을 수 있으므로 직접적인 규제보다는 선순환을 위한 지혜가 필요합니다. 전 세계 음악 산업의 역사를 새로 썼다는 방탄소년단도 유튜브와 네이버 브이라이브를 통해 성장했습니다. 좋은 콘텐츠의 싹을 자르지 않으면서 유해 콘텐츠를 걸러 내는 바람직하고 효율적인 규제에 대해 고민해야 하는 이유입니다.

소비자들은 자유로운 선택을 좋아하게 마련입니다. 누구나 보고 싶은 프로그램을 아무 때나 원하는 시간에 보기를 원합니다. 과거 방송사가 장악하고 있던 콘텐츠 소비의 결정권이 이용자에게 넘어오면서 방송 산업에 지각 변동이 일어났습니다. 기존 방송 사업의 몰락을 가져오지는 않겠지만 젊은 층이 이탈하고 있다는 점에서 텔레비전의 시대가 저물고 있음을 부인하기는 어렵겠지요.

이러한 변화 속에서 텔레비전이 나아갈 길은 어디일까요? 먼저, 영상 콘텐츠를 이끌어 왔던 맏형으로서의 역할을 다시 세워야 합니다. 웹 드라마와 웹 예능, 인터넷 개인 방송이 기존 텔레비전 방송과 차별화된 콘텐츠와 형식으로 성장하고 있듯이 텔레비전 방송 역시 차별화 노력이 필요하다고 봅니다. 인터넷 방송이 공급할 수 없는 콘텐츠를 제공해야겠지요. 예를 들면 고품격 다큐멘터리와 시사 교양, 정확한 뉴스와 탐사 보도 프로그램에 더욱 집중할 필요가 있습니다. 또한 역사 대하드라마와 같이 많은 제작비가 들어가는 작품은 인터넷 채널을 통해 제작하기 어렵습니다. 대하드라마뿐만 아니라 고비용이 투입되는 블록버스터 드라마도 방송사의 몫입니다. 무엇보다도 소수자의 인권을 보호하는 공영성 강화의 노력이 필요합니다. 파편화된 개인들이 저마다 따로따로 보는 콘텐츠와는 차별적이어야 합니다. 최소한 거실에서 가족이 함께 볼 수 있는 매체로서 무게감과 따뜻함, 책임감을 지는 것이 텔레비전 방송이 나아갈 길이 아닐까요?

중국 치맥 열풍이 누리꾼들 사이에서 화제다. 지난달 27일 종영한 SBS 드라마 '별에서 온 그대'(이하 별그대)의 영향이 국내뿐만 아니라 중국 역시 치맥 열풍으로 이어지면서 '별그대' 인기를 실감케 하고 있다. 극 중 천송이(전지현 분)가 즐겨 먹던 치맥이 엄청난 유행처럼 번지면서 중국에서의 '별그대'의 인기를 보여 주었다. 상하이에서는 한국식 치킨을 먹기 위해 3시간 넘게 줄을 서고 있으며, 중국어로 '치맥'은 인기 검색어에 오르기도 한 것으로 밝혀졌다. (조선비즈, 2014.3.2)

미국 뉴욕타임스가 최근 발표한 세계에서 가장 맛있는 라면 순위에서 농심 '짜파구리(짜파게티+너구리)'가 3위를 기록했다. 영화 〈기생충〉에서 짜파구리에 한우 채끝살을 올려 먹는 모습이 등장했기 때문이다. 관객들은 직접 짜파구리를 만들고 소셜 네트워크 서비스(SNS)에 영상을 공유하면서 빠르게 퍼졌다. 이처럼 흔히 보던 음식도 영화에 나오면 특별해진다. 영화 속 등장인물이 웃음 · 눈물 · 질투 · 서러움을 김치찌개 · 짜장면 · 국수와 섞어 먹으면 그 음식은 영화 속 인물을 체험할 수 있게 해 주는 매개체가 된다. 그래서 잘 만든 영화에는 이야기와 잘 어우러진 '먹는 장면'이 적어도 하나는 나온다. (국제신문, 2020.7.30)

전 세계의 한류 팬이 1억 명을 넘었다고 합니다. 한류가 동남아시아를 넘어 북아메리카와 남아메리카, 유럽까지 확장된 것은 무엇보다 방탄소년단과 트와이스 등 K팝 아이돌 그룹이라는 핵심 콘텐츠가 있기 때문이겠지요. 최근에는 드라마와 K팝에만 머물지 않고 먹방·뷰티·패션·웹툰·관광까지 한류 장르가 다양해지고 있습니다. 덕분에 한국 음식뿐 아니라 화장품과 가전제품을 비롯해 다양한 한국 제품이 인기를 끌고 있지요. 또 한국어 배우기 열풍이 불면서 대학에 한국어과들이 생겨났습니다. 그야말로 미디어의 힘이 대단하구나 싶네요. 방송의 영향력과 관련하여 아래 활동들을 해 보세요.

깨미주 ～～～～～～～～～～～～～～～～～～～～～～～ 1

한국에 관심 있는 외국인 친구에게 한국의 드라마나 아이돌 그룹을 소개해 준다면 어떤 드라마 또는 누구를 추천해 주고 싶나요? 직접 소개한다고 생각하고 왜 추천하는지, 어떻게 소개할 것인지 이야기해 보세요.

깨미주 ～～～～～～～～～～～～～～～～～～～～～～～ 2

여러분이 생각할 때 우리 사회에 큰 영향을 미친 방송 프로그램은 무엇인가요? 드라마, 다큐멘터리, 예능 등 어떤 장르도 좋습니다. 긍정적인 영향이나 부정적인 영향, 혹은 두 경우 모두 떠올려 보세요.

친구들이나 부모님의 경험도 들어 보세요.

깨미주 ～～～～～～～～～～～～～～～～～～～～～～ 3

여러분은 방송 프로그램을 주로 어떤 단말기로 보나요? 텔레비전과
컴퓨터, 스마트폰으로 볼 때의 차이와 장단점은 무엇인지 이야기해
보세요. 텔레비전에서 보는 드라마/예능 프로그램과 웹 드라마/웹 예능
프로그램이 어떤 차이가 있는지도 비교해 보세요.

영상 방송의 신세계,
유튜브의 등장!

〈하버드 대학의 공부벌레들〉이라는 드라마를 들어 본 적 있나요? 하버드 대학 법대생들의 학교생활을 그린 내용입니다. 깐깐하신 노교수님은 수업 중에 끊임없이 질문을 던지고 학생들은 쩔쩔매던 모습이 오롯이 기억납니다. 당시 십 대이던 저는 그 숨 막히는 강의실 풍경을 보면서 '대학이 저런 곳이구나'라는 생각과 함께 막연히 하버드대에 대한 동경마저 생겼습니다. 한국에서는 여러분이 태어나기도 전인 1980년대에 방송됐으니까 당연히 모르겠지요. 사실 모른다는 답을 알면서 물어본 질문입니다.

새삼스레 이 낯선 드라마 이야기를 꺼낸 이유가 있지요. 대학에서 학생들을 가르치면서 늘 토론으로 활발한 강의를 이끌어 갈 방법을 생각하다가 문득 〈하버드 대학의 공부벌레들〉이 떠올라 이

드라마가 다시 보고 싶어졌습니다.

30년도 훌쩍 더 지났는데 이 드라마를 다시 볼 수 있을까요? 이번에는 여러분이 답을 알고 있을 것 같습니다. 당연히 다시 볼 수 있다고요? 네, 맞습니다. 물론 어디서 볼 수 있는지도 알고 있겠지요? 바로 유튜브입니다. 세상의 모든 동영상이 다 모여 있는 곳입니다.

유튜브의 탄생

유튜브는 미국 캘리포니아 샌 브루노에 위치한 동영상 공유 사이트 기업이자 서비스의 이름입니다. 페이팔**에서 일하던 채드 헐리, 스티브 첸, 자베드 카림, 이 세 사람이 2005년 2월에 서비스를 시작했지요. 친구들과 파티를 하면서 찍은 동영상을 여러 친구들에게 전달해 주는 것이 번거로워 인터넷 사이트를 만들어 올려놓으면 좋겠다는 작은 아이디어에서 시작된 유튜브는 2006년 11월에 구글이 16억 5000만 달러(약 2조 원)에 사들여 구글의 자회사로 운영하고 있습니다. 유튜브에는 1분마다 500시간 분량의 동영상이 올라오고, 매일 10억 시간 이상의 콘텐츠가 시청되고 있습니다. 그야말로 세상의 모든 동영상이 다 모여 있는 세계

** 페이팔은 전 세계적으로 이용되는 온라인 전자 결제 시스템을 제공하는 미국 기업입니다.

최대의 온라인 동영상 공유 사이트입니다. 2020년 기준 월 이용자 수는 20억 명을 넘었고, 매일 이용하는 사람도 3000만 명이 넘습니다.

유튜브의 콘텐츠는 길이와 내용, 형식에 제약이 없습니다. 1초짜리 동영상부터 미국의 엔터테인먼트 콘텐츠업체인 몰디 토스터 미디어가 유튜브의 기록 갱신과 압축 역량을 테스트하기 위해 올린 596시간 분량의 동영상도 있습니다. 드라마나 영화, 예능, 음악, 뉴스, 다큐멘터리 프로그램의 주요 부분을 편집한 클립과 에피소드 전체 혹은 시리즈를 올리기도 합니다. 앞서 이야기한 30년도 더 전에 방송된 〈하버드 대학의 공부벌레들〉도 유튜브에서 찾아볼 수 있고요.

유튜브에서 특히 주목할 점은 소비자가 직접 제작해서 만든 콘텐츠가 올라오고 또 소비된다는 점입니다. 과거에 수용자는 방송사에서 만든 콘텐츠를 이용하는 소비의 주체였습니다. 그러나 기술 발전과 더불어 유튜브와 같은 플랫폼이 생기면서 전문적인 기술과 장비를 갖추지 않더라도 누구나 영상을 제작하고 배포할 수 있게 됐습니다. 지금은 개인이 온라인 플랫폼에서 직접 실시간으로 방송을 진행하고 제작한 콘텐츠를 유튜브에 올리고 있지요. 여섯 살짜리 아이가 춤추는 동영상이 있는가 하면, 빌보드 차트를 석권한 아이돌 그룹의 일상이나 진보와 보수 진영의 정치 평론, 학습과 교육, 주식과 금융 정보를 비롯해 음식, 패션, 미용, 게임, 반려동물 등 소재의 다양성은 무한합니다.

'동영상의 바다'인 유튜브에 첫 번째로 올라온 동영상은 무엇일까요? 2005년 4월, 유튜브 공동 창업자인 카림이 동물원에서 찍은 16초짜리 동영상입니다. 사이트를 만들기는 했는데 뭘 올려야 할지 창업자들도 막연했지요.

"저는 지금 코끼리 앞에 서 있는데요, 멋진 건 코끼리 코가 정말 정말 정말 길다는 거지요. 음. 이게 제가 오늘 할 이야기의 전부입니다." 카림이 동물원 코끼리 앞에 서 있고 누군가가 영상을 찍고 있습니다. 나쁜 화질에, 카메라는 흔들리고, 사진 찍듯이 얼굴부터 가슴까지만 비추고 있지요. 이렇게 시작은 미미하였으나 그 끝은 창대함을 넘어서 어디까지 진화할지 모를 지경입니다.

유튜브의 시작, 첫 번째 동영상 'Me at the zoo'의 한 장면.

가장 선호하는 직업, 유튜버의 활약

유튜브에는 기존 방송사와 새로운 콘텐츠 제공 사업자, 개인 모두가 채널을 만들어 동영상을 올리고 있습니다. 미국의 대표 연예 잡지 〈버라이어티〉가 미국의 13~18세 청소년에게 그들의 삶에 가장 큰 영향력을 미치는 사람에 대해 물었습니다. 2014년 조사에서는 1위에서 5위까지, 2015년에는 1위에서 6위까지 유튜브에서 개인 방송을 하는 일반인이었고, 10위 안에 든 할리우드 스타는 두 명에 불과했습니다. 멕시코, 브라질, 영국에서도 비슷한 결과를 보였고, 핀란드에서는 상위 20위 안에 12명이 유튜버였습니다.

국내에서도 온라인 동영상 시장에서 개인 방송의 영향력은 막대합니다. 유튜브나 아프리카TV 등 동영상 플랫폼에서 개인 방송은 높은 조회 수를 기록하며 뜨거운 반응을 이어 가고 있습니다. 아프리카TV 플랫폼에서 게임 해설을 하면서 주목받기 시작한 '대도서관' 나동현은 주 무대를 유튜브로 옮겨 구독자 수를 늘렸고, 한 해 수입이 수십억 원이라고 밝히기도 했지요. 동영상 플랫폼에서 활약하는 BJ(Broadcasting Jockey)의 콘텐츠는 실시간으로 중계될 뿐 아니라 다시 보기로도 이어집니다. BJ들은 유료 아이템 수입과 광고 수익에 더해 유명세를 타서 기존 방송 매체에도 출연하고 광고 모델로도 등장합니다. 개인 방송이 보편화되고 새로운 스타들이 출현하면서, 이러한 개인 방송 창작자들을 모아서 관리하며 기획, 제작, 홍보, 배급, 저작권 관리와 수익 창출을 지원하는 MCN(Multi Channel Network) 사업도 생겨났습니다.

이와 같이 온라인 동영상 시장에서 개인 방송은 하나의 새로운 트렌드를 넘어 산업으로 성장하고 있습니다. 별풍선이라는 기부성 유료 아이템을 개발한 아프리카TV는 매출 1000억 원을 돌파한 상장 기업으로 성장했고, 트위치나 페이스북도 별풍선과 같은 기부 아이템을 비즈니스 모델로 채택했습니다. 2018년 1월부터 시행된 제7차 한국표준직업분류 개정안에는 미디어 콘텐츠 창작자(크리에이터)가 등재되었고요.*** 초등학생 장래 희망 1순위가 연예인에서 개인 방송 BJ로 바뀌었다는 이야기는 다들 알고 있겠지요. 모바일과 선택적 미디어 이용에 익숙한 젊은 세대에게 개인 방송은 삶의 일부가 되었습니다.

어린이부터 노인까지, 누구나 주인공

유튜브 이용은 십 대와 젊은 층만의 이야기가 아닙니다. 직접 방송을 하고 동영상을 올리는 유튜버의 연령층은 다양합니다. 2013년생 이보람 어린이가 장난감을 소개하는 '보람튜브' 토이리뷰 채널은 구독자 수가 1000만 명을 훌쩍 넘어섰습니다. '마이린TV'의 최린 군은 직접 촬영, 편집, 진행까지 하는 어린이

*** 분류 코드: 28391, 분류명: 미디어 콘텐츠 창작자, 설명: 1인 또는 소규모 집단이 인터넷 기반의 다양한 주제의 영상 콘텐츠 등을 창작하고, 이를 영상 플랫폼(MCN, 다중 채널 네트워크)에 업로드하여 시청자에게 유통하는 자를 말합니다. 영상 콘텐츠를 기획·구성하고 촬영·편집 등의 제작을 하며, 직접 출연하는 경우도 많습니다. 색인어: BJ, 미디어 콘텐츠 크리에이터, 유튜브 크리에이터, 콘텐츠 창작자, 콘텐츠 크리에이터.

유튜버입니다. 어린이 채널의 인기는 해외에서도 최고입니다. 유튜브에서 장난감을 소개하는 미국 어린이 라이언은 2018년 6월부터 1년간 2600만 달러(약 300억 원)를 벌어서 전 세계 유튜버 가운데 연간 수입 1위를 차지하기도 했습니다.

'노인을 위한 미디어는 없다'고는 하지만 유튜브는 다릅니다. 70대인 박막례 할머니는 손녀가 할머니의 치매를 예방하려고 재미 삼아 찍은 화장법 동영상으로 세계적인 스타가 됐어요. 구독자가 100만 명이 훌쩍 넘고 유튜브 모기업인 구글의 회장으로부터 초대를 받아 몇 번이나 미국에 다녀오기도 했습니다. 방송 프로그램에도 출연한 60대 심방골 주부는 충남 부여 심방골 집에서 맛깔나는 우리 음식 만들기 과정을 보여 줍니다.

어린이부터 노인층까지 다양한 유튜버가 있듯이 유튜브를 시청하는 연령층도 다양합니다. 유튜브 이용 통계를 보면 가장 많이 이용하는 나이대는 십 대입니다. 젊은 층뿐만 아니라 전 연령층에서 가장 오래 사용하는 애플리케이션이 유튜브입니다. 심지어 50대의 유튜브 이용량은 30~40대보다 많습니다.

'유튜브 크리에이터 서밋'(YouTube Creator Summit)은 유튜브가 매년 가장 인기 있는 크리에이터들을 뉴욕으로 초청하는 행사입니다. 유튜버들은 서로 친분을 쌓고 유명 인사들의 연설을 듣지요. 『유튜브 레볼루션』의 저자인 로버트 킨슬과 마니 페이반은 이 행사를 '디지털계의 다보스 포럼'이라고 칭했습니다. 엔터테인먼트 분야에서 가장 영향력 있는 행사로, 다보스 포럼****으로 불러도 손색이 없다고 봅니다. 다른 점이 있다면 행사에 초대된 크리에이터들 대부분이 청바지, 티셔츠 차림에 운동화를 신고 온다는 것. 문신과 염색을 한 사람도 너무 많아서 오히려 안 한 사람이 이상해 보일 정도라니 저도 꼭 한번 가 보고 싶어집니다.

게임, 뷰티, 리뷰, 먹방, 방송에 없던 콘텐츠

도대체 무엇이 유튜버들을 세계적인 유명 인사로 만든 것일까요? 단연 콘텐츠의 새로움과 다양성입니다. 스타도 아닌 일반인 혼자 묘기를 부리고, 게임을 하고, 스카프를 요리조리 매고, 머리를 스타일링하고, 화장을 하고, 제품 리뷰를 하고, 먹는 모습까지 보여 주는 등 없는 게 없습니다. 모두 결코 세련되지 않은 동영상입니다. 이런 프로그램을 기존의 방송사에서 제작할 리가 없겠지요. 그런데 이런 아마추어 콘텐츠를 수백, 수천만 명이 보면서 열광하고 있습니다. 옛날에는 슈퍼마켓 매장에 진열된 상품만 구매하듯 텔레비전에 나오는 프로그램만 정해진 시간에 봐야 했지만, 이제는 원하는 시간에 관심 있는 내용의 콘텐츠를 맘껏 골라 볼 수 있게 되었습니다.

**** 세계 각국의 정치, 경제, 학계, NGO, 종교계, 언론계 대표들이 모여 정보를 교환하고, 미래 발전 방안을 논의하는 세계 경제 포럼 연차 총회를 의미합니다. 매년 1월 스위스의 고급 휴양지 다보스에서 열린다고 해서 다보스 포럼이라고 칭합니다.

방송사들은 최고의 스타와 천문학적 제작비를 투입한 프로그램을 만들어 시청률 끌어올리기 전쟁을 해 왔습니다. 덕분에 목 빠지게 기다리며 본방 사수를 하고 싶은 드라마도 있었고, 자연의 신비를 담은 대형 다큐멘터리도 볼 수 있었습니다. 고도의 기술과 장비, 대규모 인력과 시스템이 뒷받침되지 않고서는 불가능한 프로그램들이지요.

방송사의 문턱은 높기만 했고 그들만의 리그에서는 한 꼭지당 1분 20초 내외의 정형화된 뉴스, 드라마, 교양, 시사, 예능, 스포츠 중계가 천편일률적으로 방송되어 왔습니다. 프로그램의 방송 여부는 방송국 내부의 소수 고위층이 결정하는 것이었고요. 말하자면 기존 방송사는 고래와 상어 같은 익숙한 어류나 무지개 빛깔의 열대어만 넣어 두고 관람하게 하는 수족관입니다. 제한된 공간 안에서는 물고기들도 같은 곳을 도돌이표처럼 오갈 뿐이지요. 하지만 유튜브는 그야말로 한 번도 구경 못 한 지구상의 모든 물고기가 자유롭게 헤엄치며 살아가는 넓고 푸른 바다입니다.

유튜버, 꿈과 현실이 만나다

이전에 볼 수 없던 다양한 콘텐츠 외에 유튜브를 확산시킨 또 하나의 비결은 크리에이터들에게 수익 창출의 기회를 열어 주었다는 점입니다. 유튜브는 브랜드 인지도가 있는 기존의 방송사뿐만 아니라 무명의 일반인 크리에이터들과도 광고 수익을 나누는 시스템을 도입했습니다. 크리에이터가 영상을 올리면 유튜브가 외부 광고를 붙여 수익을 나누는 방식입니다. 어느 채널이든 구독자 수와 조회 수가 많아질수록 가져가는 수익도 많아지는 구조입니다. 유튜브에 영상을 올리는 것만으로도 생계를 이어 갈 수 있게 만들어 준 것이지요.

결국 인터넷 콘텐츠 크리에이터는 하나의 직업으로 정착했습니다. 사실 몇몇 유명 유튜버의 수입 현황을 보면 그저 생계를 이어 가는 수준이 아닙니다. 우리나라 대표 뷰티 크리에이터 이사배는 메이크업 숍에서 근무하다가 손님의 추천으로 방송을 시작했는데, 초기에는 10여 명밖에 보는 사람이 없었답니다. 이제는 구독자 수가 수백만 명이나 되고, 유튜브에서의 한 달 광고 수입만도 수천만 원이라고 하네요. 굳이 수입에 대한 이야기를 더 할 필요는 없겠지요. 매년 교육부에서 조사하는 청소년 희망 직업 순위를 보면 결과가 흥미롭습니다. 2018년에 처음으로 뷰티 디자이너가 10위 안에 들었습니다. 유튜브의 영향만이라고는 할 수 없겠지만 유튜브에서 주목받는 채널 중 하나가 메이크업·뷰티 장르인 것은 사실입니다.

청소년들이 유튜버의 영향을 받고 유튜버가 되고 싶은 이유가 단지 돈 때문만은 아니겠지요. 그보다 더 중요한 건 내가 하고 싶은 걸 하면서 주목받고 사회적으로 영향력 있는 사람이 될 수 있다는 매력 때문이 아닐까 합니다. 인플루언서란 사회에 미치는 영향력이 큰 사람을 의미하는데, 최근에는 '파워 블로거'나 수십만 명의 팔로워 수를 가진 SNS 사용자, 또는 유튜버와 같은 개인 방송 진행자들을 일컫는 말로 흔히 쓰입니다. 이들을 활용해 제품이나 서비스를 홍보하는 것을 '인플루언서 마케팅'이라고 하지요. 유명 배우를 모델로 쓰는 것보다 상대적으로 저렴한 데다가 일상을 공유하는 인플루언서의 친근함을 장점으로 삼아 효율적인 마케팅을 펼칠 수 있기 때문입니다.

더하여 인플루언서들은 단순히 마케팅 수단으로서가 아니라 정치나 경제, 문화예술, 스포츠, 음악, 요리, 패션 등 다양한 영역에서 수많은 팔로워를 이끌며 우리 사회 전반에 영향을 미치고 있습니다. 구독자가 많은 신문, 시청률이 높은 프로그램과 같은 효과를 가지는 겁니다. 나아가 불특정 다수 대중이 아닌 특정 영역에 관심을 가진 사람들에게 닿을 수 있는 효과적인 전달 수단이기 때문에 온라인 인플루언서에 주목하지 않을 수 없지요. 물론 이들은 전문적인 지식과 경험으로 좋은 정보를 전달하기도 하지만, 허위나 과장 광고 또는 사용 체험기 등을 올려 심각한 문제를 일으키는 경우도 있습니다.

유튜브의 부작용

이처럼 유튜브를 비롯한 개인 방송의 사회 문화적 · 산업적 영향력이 커진 만큼 부작용에 대한 우려의 목소리도 높습니다. 크리에이터들의 유명세에 비추어 부적절한 표현과 무책임한 행동에 대한 비판이 끊이지 않지요. 더 많은 유료 아이템을 받고 조회 수를 높이려는 자극적인 콘텐츠가 만연하고 도를 넘는 문제점이 드러나고 있습니다. 고속도로를 시속 200킬로미터로 질주하며 생중계를 하는가 하면, 심지어 투신하여 목숨을 잃는 극단적 모습이 그대로 중계되기도 합니다. 막말과 특정 집단에 대한 비하 발언, 선정적이고 폭력적인 콘텐츠의 사례는 언론의 보도를 통해 끊임없이 제기되고 있습니다. 특히 아무런 제한 없이 어린이와 청소년들이 유튜브를 시청하고 직접 진행자로까지 나서고 있는 상황

다 먹을 수 있... 우웩

에서 근본적인 대책이 필요하다는 목소리가 높습니다. 또 한편으로는 저작권 침해로 콘텐츠 창작의 동기를 저해하는 일들도 벌어집니다.

유튜브 이용이 늘어나는 이유 중 하나는 이용자 맞춤형 콘텐츠 추천 알고리즘의 작동에 있습니다. 유튜브의 동영상을 시청할 때 하나의 동영상을 보고 나면 관련 동영상들이 뜨지요. '어쩜 이리 내가 좋아하는 동영상을 잘 알아서 추천해 줄까?' 싶을 겁니다. 디지털 세상에서는 뉴스나 동영상 같은 콘텐츠 이용뿐만 아니라 물건을 사고 맛집이나 여행지를 알아본 정보 검색의 흔적이 남습니다. 유튜브를 비롯한 디지털 미디어 기업들은 여러분이 검색한 뉴스와 콘텐츠를 바탕으로 여러분에게 딱 맞는 정보를 추가로 제공해 줍니다. 개인의 입장에서 보면 무척 효율적인 방식일 수 있습니다. 그러나 한편으로는 여러분이 이용한 콘텐츠와 유사한 콘텐츠만을 반복 소비하게 되고 다른 성격의 콘텐츠는 추천받지 못하는 부작용도 있습니다. 다양한 콘텐츠를 만날 수 있는 기회가 차단되는 셈이지요. 나와 생각이 다른 사람들의 목소리도 들어야 건강한 공동체가 형성됩니다. 추천 알고리즘으로 인한 문제점은 뒤에서 다시 한번 다루도록 하겠습니다.

나도 유튜버!

이제까지 여러분이 일상 속에서 동영상을 소비하는 장

으로서의 유튜브에 대해 이야기해 보았습니다. 그렇다면 여러분이 직접 동영상을 만들어서 유튜브에 올리고 다른 사람들과 소통하는 건 어떨까요? 꼭 천만 유튜버가 되어서 억대의 수입을 올려 보라는 것이 아닙니다. 유튜브를 적극적으로 활용하면서 새로운 소통 방식이자 정보의 바다인 유튜브를 더 잘 이해하는 계기가 될 수도 있습니다. 특별한 사람만이 유튜버가 되는 건 아닙니다. '나도 한번 해 볼까?'라고 생각했다면 실천해 보세요. 단순히 알고 있다고 생각하는 것과 안다고 말할 수 있는 것은 다릅니다. 나아가 직접 실천에 옮기는 것은 엄청난 차이가 있는 거지요.

다이어트, 디톡스 등에 효과가 있는 제품이라며 가짜 체험기 등을 올리고 허위 광고한 인플루언서들이 적발됐다. 이들은 모두 10만 명 이상의 팔로워를 거느린 유명 인플루언서들로 방송인과 연예인도 포함된 것으로 알려졌다. 주로 체험기 방식으로 제품 섭취 전과 후 비교 사진을 올리거나 보정을 통해 거짓으로 날씬한 몸매를 강조하는 방식으로 구매를 유도했다. 유튜버 ㄷ씨는 특정 제품을 '붓기차'라고 언급하며 실시간 라이브 영상을 이용해 구매를 유도했고, '디톡스, 독소 배출, 노폐물 제거, 부기 제거' 등의 문구를 사용한 사진과 영상을 제작해 소셜 미디어 계정에 게시하는 등 거짓·과장 광고를 한 것으로 드러났다. 식약처는 "제품을 직접 판매하지 않더라도 허위·과대 광고나 체험기가 포함되어 있는 사진·영상 등을 게시하거나 이를 활용하여 광고할 경우 인플루언서·유튜버·블로거·광고 대행사 등 누구든지 형사 처벌을 받을 수 있다"고 경고했다. (경향신문, 2020.1.9)

유튜브의 이용자 수가 늘어나는 만큼 유튜브의 영향력도 커져 갑니다. 긍정적인 순기능도 많지만 걸러지지 않는 수많은 콘텐츠가 제공되면서 역기능도 만만치 않습니다. 구독자 수와 조회 수를 늘리기 위해 누가 더 자극적인 영상을 보여 주는지 내기라도 하듯 내달리고 있고, 돈벌이 수단으로 과장된 상품 정보나 체험기를 올리기도 합니다. 법적으로 처벌 대상이지만 수많은 유튜버와 소셜 미디어 이용자들이 올리는 모든 콘텐츠를 다 조사해서 찾아낼 수도 없는 게 현실입니다. 새로운 미디어인 개인 방송이 창의적이고 다양한 양질의 콘텐츠를 생산하고 자극적이고 문제가 되는 콘텐츠를 퇴출시켜 사회 경제적으로도 긍정적인 영향을 미치는 선순환 구조를 갖추기 위해서는 어떤 노력이 필요할까요?

깨미주 ~~~~~~~~~~~~~~~~~~~~~~~~~~ 1

유튜브에 대한 생각을 이야기해 보세요. 여러분이 구독하고 있는 채널은 몇 개이고, 즐겨 찾는 채널은 무엇입니까? 유튜브가 여러분 자신에게 어떤 점에서 좋고 어떤 점에서 문제인지 짚어 보세요. 나아가 부모님께서 즐겨 보시는 채널은 무엇이고 왜 좋아하시는지, 또 부모님이 생각하는 유튜브의 문제점은 무엇인지 여쭤 보세요.

깨미주 ~~~~~~~~~~~~~~~~~~~~~~~~~~ 2

자신의 채널이 있나요? 없다면 한번 만들어 보세요. 계속해서 영상을 올리지 않아도 좋습니다. 간단한 자기소개든 뭐든 첫 번째 영상물을 올려 보세요.

2장 혼자 하는 영상 방송 시대

인터넷 개인 방송은 규제를 해야 할까요? 규제가 필요하다면 이유가 무엇이며, 필요 없다고 생각한다면 그 이유는 무엇인가요? 규제를 한다면 누가, 어떤 방식으로, 얼마나 해야 할지 친구들과 토론해 보세요.

3장

소셜하게 공유하고
소통하다

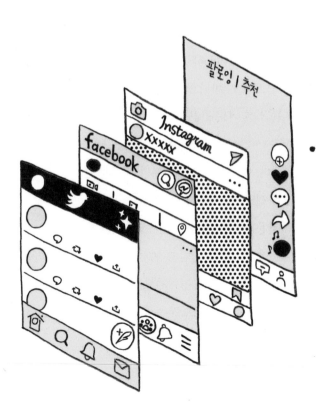

인터넷 속 또 다른 사회, 소셜 미디어

소셜 미디어란 사람들이 생각이나 의견, 정보, 경험을 공유하기 위해 이용하는 온라인 공간입니다. 소셜 미디어는 문자, 이미지, 오디오, 비디오 등 다양한 형식으로 공유되는데, 대표적인 예로는 소셜 네트워킹 서비스(SNS)나 블로그를 들 수 있고, 팟캐스트 또는 사진이나 동영상을 공유하는 사이트도 소셜 미디어로 구분됩니다. 어떤 형태든 이용자가 직접 콘텐츠를 올리고 다른 이용자들이 해당 콘텐츠에 댓글이나 '좋아요' 등으로 의견을 개진하며 상호 작용한다는 점에서 기존 매체와 차별적입니다.

불특정 다수의 사람들과 연결되고 상호 작용한다는 점이 소셜 네트워킹 서비스의 특징이지요. 그러다 보니 소셜 미디어는 소셜 네트워킹 서비스를 포함하는 포괄적인 개념이지만, 흔히 소셜 미디어라고 하면 소셜 네트워킹 서비스를 떠올리고 같은 개념으로 이해하기도 합니다.

물리적으로 같은 공간에 있지 않아도 누군가와 연결될 수 있다는 장점이 소셜 미디어를 성장시킨 원동력이겠지요. 인간은 혼자서는 살 수 없는 사회적 동물이니까요. 내가 하고 싶은 이야기를 하고 다른 사람들이 그에 반응하면 뿌듯한 마음이 듭니다. 반대로 자신이 친구의 생각에 동감하고 칭찬해 주면 배려심 깊은 사람이 된 것 같고 친구와 더 가까워진 것 같지요. 소셜 미디어는 이런 식으로 서로가 연결된 멋진 세상을 만들어 주었습니다.

그런데 혹시 여러분은 소셜 미디어에 게시물을 올리고 나서 후회한 적 없나요? 별생각 없이 올렸는데 공연한 오해가 생겨 난처했던 경험은요? 또 누가 친구 수가 더 많은지 비교해 보지는 않나요? 생판 모르는 사람과 친구를 맺기도 하고 친했던 친구를 끊기도 했을 거예요. 또 글을 올리고 나서 누가 댓글을 달았는지, '좋아요'를 누르는지 자꾸 확인해 보지 않나요? '좋아요'가 별로 없으면 아무도 관심 가져 주지 않는 거 같아서 우울해지고요. 누군가 글을 올리면 내용도 제대로 안 보고 일단 '좋아요'부터 누른 적도 있지요? 내가 눌러 줘야 이 친구도 눌러 주겠지 싶어서요. 친밀감의 표시로 얼른 리트윗해 주기도 하고요. 그러면서도 한편으로 소식이 다 귀찮고 피곤해서 아예 소셜 미디어를 끊어 버렸다가 결국 다시 돌아가기도 했을 겁니다.

정치인이나 연예인 같은 유명 인사들도 소셜 미디어에서 자신의 존재감 찾기에 열을 올립니다. 왜 저런 이야기를 올려서 곤혹을 치르는 걸까 이해하기 힘들 때도 많지요. 요즘은 기사보다도 소셜 미디어를 통해 자신의 이미지 마케팅을 하거나 팬들과 소통하는 사람들이 더 많아지고 있습니다. 기업도 마찬가지입니다. 소비자에게 친근하게 다가가려고 온갖 수단을 다 동원합니다. 소셜 미디어를 통해 이벤트와 신제품을 소개하고, 고객의 불만에도 바로바로 대응하지요. 공기관이나 정부도 예외는 아니고요.

소셜 미디어로 소셜해지고 있나요?

그렇다면 소셜 미디어라는 이름은 어쩌다 붙은 걸까요? 다른 사람들과 잘 어울리는 사람을 사회적이라는 의미로 '소셜'(social)하다고 하잖아요. 서로 '소셜하게' 연결해 주는 서비스라서 소셜 미디어라고 부르는 겁니다.

그런데 우리는 정말 소셜 네트워킹 서비스로 소셜하게 됐을까요? 당장 오늘부터라도 관심을 가지고 주위를 둘러보세요. 카페나 식당에서 같이 앉아 있는 사람끼리 대화를 안 해요. 각자 스마트폰만 바라보고 있어요. 대화 중에 상대방이 여러분을 보지 않고 페이스북 피드를 쭈욱 올려 보고 있으면 어떤 기분이 드나요? 정말 황당하고 화도 나지요. 반대로 여러분이 이렇게 소셜 미디어에 빠져 상대방을 서운하게 했던 적은 없나요?

스마트폰이나 소셜 미디어 자체가 문제는 아닙니다. 스마트폰이나 소셜 미디어를 어떻게 쓰느냐가 중요한 거지요. 나를 표현하고 타인의 이야기를 들으며 소셜해지려고 소셜 미디어를 이용하는데 오히려 사회적 관계에 문제가 생긴다면 안 쓰는 것보다 못합니다. 그래서 오히려 소셜 미디어 이용 시간이 늘어날수록 직접 대면하는 시간은 줄어들고 공감의 결핍을 초래하게 됩니다. 공감 능력이 없는 사람에게 진실한 친구가 남아 있을까요? 과도한 소셜 미디어 이용과 부주의로 인해 결국 소셜 미디어가 안티(反) 소셜 미디어로 작용하는 것 같군요.

페이스북은 이용자 개인 정보를 철저히 보호합니다?

친구와 연결되는 따뜻한 세상보다는 친구라는 이름으로 둘러싸인 과잉 연결 사회가 된 건 아닐까요? 과도한 소셜 미디어 이용으로 인한 또 다른 위험이 있습니다. 바로 소셜 미디어에서 개인 정보가 보호되고 있는가의 문제입니다. 전 세계인이 가장 많이 사용하는 페이스북의 사례를 들어 볼게요.

2016년 미국 대통령 선거 당시 페이스북에서 수천만 명의 개인 정보가 영국의 데이터 분석 회사에 누출된 사건이 있었습니다. 순수한 학문 연구를 위한 것이라면서 페이스북 이용자들에게 성격 테스트 퀴즈 애플리케이션을 통해 설문에 답하게 해 동의 여부를 일괄 처리했습니다. 하지만 페이스북 이용자들은 알지도 못한 채 그 애플리케이션을 통해 자신의 개인 정보와 더불어 자신과 연결된 친구들의 개인 정보까지 전부 알려 준 셈입니다. 이런 식으로 영국의 데이터 회사는 페이스북 이용자들의 정보를 얻게 된 것이지요. 페이스북은 차후에 정보가 수집된 실제 이용자 수가 8700만 명이라고 시인했습니다. 수많은 계약서나 동의서가 그렇듯이 글씨는 작고 무슨 내용이 또 그리 길고 복잡한지, 그걸 모두 하나씩 읽어 보고 동의하는 이용자는 거의 없을 겁니다. 재미 삼아 해 보는 심리 테스트 하나가 어떻게 정치적으로, 상업적으로 활용될지 알 수 없습니다. 조사 끝에 페이스북은 결국 2019년에 50억 달러(약 6조 원)의 벌금을 내게 됐지만 그걸로 끝난 것일까요? 우리도 모르는 사이에 또 어떤 실험을 하고 있는지 알 수 없습니다.

소셜 미디어 안전벨트 매기*

이 장에서는 바람직한 소셜 미디어 활용을 위해 몇 가지 제안을 해 볼까 합니다. 먼저, 온라인 공간에서의 안전 문제부터 시작해 보겠습니다. 세 사람의 친구가 차를 타고 가는데 충돌 사고가 발생했습니다. 두 사람은 살아남았지만 한 사람은 차에서 튕겨져 나와 현장에서 사망했습니다. 왜 이런 차이가 난 걸까요? 바로 안전벨트의 착용 여부 때문입니다. 미국에서도 안전벨트의

---

* McKee, J., *The Teen's guide: Social media & mobile device*, Uhrichsville, OH: Shiloh Run Press, 2017.

중요성을 절감하고 1968년부터 자동차 제조사에 전 좌석에 안전벨트를 장착하도록 법제화했습니다. 하지만 정작 승차자에게 의무화한 것은 1983년이 되어서였습니다. 안 해도 되는데 왜 이러느냐, 오히려 벨트를 하면 더 위험하다는 등 사람들의 불만이 쏟아진 탓입니다. 하지만 안전벨트 착용 여부로 교통사고 시 생사를 달리하는 결과가 반복되면서 불평은 사라지고 전 좌석에서 안전벨트를 매게 됩니다. 우리나라에서는 전 좌석 안전벨트 의무화가 2018년 9월에서야 시행되었습니다. 뜬금없이 웬 자동차 안전벨트 이야기

를 꺼내냐고요?

소셜 미디어 안전벨트는 프라이버시 세팅을 하는 것을 말합니다. 새로운 애플리케이션을 다운로드받을 때마다 반드시 프라이버시 세팅이 작동되도록 설정하세요. 물론 빨리 애플리케이션을 써 보려는 생각에 모든 질문들이 지루하게 느껴지겠지요. 무조건 예, 예, 예를 클릭합니다. 사고가 나기 전까지 안전벨트의 중요성을 알지 못하듯이, 온라인 공간에서 문제가 생길 때까지 프라이버시 세팅의 필요성을 인지하지 못할 거예요. 이제는 차를 타면 당연히 안전벨트부터 매지만, 스마트폰과 애플리케이션을 이용할 때 프라이버시 세팅을 하는 것에는 아직도 둔감합니다. 여러분이 이용하는 소셜 미디어의 프라이버시 세팅을 다시 한번 점검해 보세요.

'친구'는 누구이고 '친구의 친구'는 누구일까?

가장 중요한 고려 사항! 소셜 미디어에서 '친구'의 정의와 그 무게를 알아 두는 것입니다. 일상 공간에서 여러분의 친구는 누구인가요? 소셜 미디어에서 친구는요? 친구를 맺은 사람들이 여러분이 아는 사람이라면 올리는 글과 사진을 누가 보는지 예측이 가능합니다. 하지만 소셜 미디어 공간에서 낯선 누군가가 친구 맺기 신청을 해 와서 받아들였다면 이야기는 달라집니다. '좋아요' 숫자도 늘릴 겸 포스팅하고 친구의 친구로 설정한 경우에는 더 큰 문제가 생길 수 있습니다. 여러분에게 백 명의 페이스북 친구가 있다면 그 백 명의 친구들의 친구들도 모두 여러분의 글과 사진을 볼 수 있습니다. 여러분의 친구 백 명이 맺은 친구들은 여러분의 일상을 들여다봐도 안심되는 사람인가요? 여러분이 한 명 한 명 신중하게 확인된 사람만 친구로 선택했다고 해도 친구 백 명 중 누군가는 부주의하게 친구 맺기를 했을 수도 있습니다. 그렇다면 여러분의 포스팅을 들여다보는 그 누군가가 선량한 사람이라고 장담할 수 있을까요?

내가 어디 있는지 알려 줄게

내가 올린 글과 사진을 공유할 친구 범위 설정 외에 위치 설정도 중요합니다. 위치 설정 옵션을 켜 두면 스마트폰을 잃어버렸을 때 아주 유용하지요. 나의 폰 찾기 기능으로 어디에 있는지 알 수 있으니까요. 하지만 한편으로는 누구에게나 여러분의 위치를 알려 주는 기능을 합니다. 스마트폰 유형에 따라 프라이버시 옵션 또는 일반 옵션에 위치 설정이 있습니다. 위치 설정은 켜 두는 것이 좋지만 나머지 각각의 애플리케이션들에서는 위치 정보 허용을 꺼두기를 권장합니다. 예컨대 카메라 애플리케이션의 위치 정보를 허용하면 촬영 장소가 기록되는 장점이 있지요. 하지만 밤늦게 도서관에서 공부하면서 무심코 찍어 올린 텀블러 사진 한 장만으로도 여러분의 위치가 알려집니다. 만약 여러분을 노리는 사람이 있다면 심각한 문제가 될 수 있음을 잊지 마세요.

특히 여러분의 집에서 올리는 사진의 위치 정보를 공개해서는 안 됩니다. 페이스북과 인스타그램에 올린 사진의 위치 정보로 사람들의 집에 들어가 속옷을 훔친 사건이 보도되기도 했습니다. 사진 배경에 찍힌 물건 하나하나가 여러분을 찾아내려는 누군가에게는 단서가 된다는 사실을 결코 잊지 마세요.

소셜 미디어 계정으로 다른 서비스에 가입하면 편하니까

개인 정보와 관련하여 또 한 가지 주의할 점이 있습니다. 새로운 애플리케이션이나 온라인 서비스를 이용할 때 매번 계정을 만들고 회원 가입하기 번거로워서 이미 사용하고 있는 소셜 미디어 계정으로 들어가곤 하지요. 그럼 자동으로 그 애플리케이션이나 서비스 관리자에게 여러분의 개인 정보뿐만 아니라 친구들의 연락처와 데이터에 대한 접근까지도 허용하게 됩니다. 여러분이 좋아해서 가입한 록 음악 사이트가 여러분 친구에게 광고로 집요하게 따라다닙니다.

여러분은 얼마나 많은 애플리케이션이나 서비스를 소셜 미디어 계정으로 이용하나요? 기억하기도 어려울 겁니다. 소셜 미디어가 지배하는 세상에서 정신 바짝 차리지 않으면 모든 것을 노출하게 됩니다. 프라이버시 설정도 안전벨트를 매는 것처럼 불편합니다. 하지만 둘 다 여러분과 친구들의 생명을 살리는 역할을 합니다.

내가 올린 게 아닌데 내 사진이 있다고?

내가 직접 찍어 올리지 않아도 누군가가 내가 나온 사진이나 동영상을 공유해서 올리는 것도 문제가 될 수 있지요. 여러분도 길에서 또는 나와 직접 관계없는 장소에서 사진이나 동영상을 찍곤 하지요? 이런 사진과 동영상이 때로는 동영상 사이트에서 회자되기도 합니다. 좋은 내용이라면 다행이지만 사생활 등이 노출된 내용이라면 큰일이지요. 없애려고 아무리 애를 써도 이미 어디엔가 복사되고 공유되어 지울 수 없는 것이 디지털의 원리입니다. 요즘에는 소셜 미디어가 구인 구직의 연결 통로로도 활용됩니다. 이 사람이 우리 회사에 적합한지 알아볼 때 개인의 성격이나 취향, 인간관계를 알기 위해 바로 소셜 미디어를 살펴보는 것이지요. 무심코 쓴 글 한 줄, 장난으로 올린 사진 한 장이 여러분의 취업까지 가로막을 수 있습니다. 소셜 미디어에 무언가를 올릴 때는 반드시 한 번 더 생각해 보세요.

내가 원하지 않는 사진과 동영상으로 피해를 보지 않을 방법은 무엇일까요? 카메라에 찍히지 않으면 된다고요? 아뇨, 그러기가 힘듭니다. 세상 사람들 손에 쥐어져 있는 스마트폰이 모두 감시 카메라입니다. 결코 피할 수는 없을 겁니다. 유일한 해결책은 논란이 되거나 후회하게 될 행동을 애초에 하지 않는 겁니다. 일단 찍힌 영상은 절대 지워지지 않습니다.

익명인데 누가 알겠어?

소셜 미디어의 대표적인 특징은 바로 익명성이죠. 단순히 이 익명성 뒤에 숨지 말라고 조언하기보다는 결코 숨을 수 없다는 걸 분명히 알려 주고 싶어요. 십 대 때는 유난히 간섭받기를 싫어합니다. 부모님이나 선생님, 혹은 나를 아는 어른이 없는 곳을 찾아 숨고 싶어 하지요. 지금의 청소년들은 어른의 감시가 없는 자유로운 공간을 온라인 세상에서 찾곤 합니다. 익명성이 보장된다는 생각에 안전한 공간이라 여기기 쉽지요. 어떤 소셜 미디어는 인터넷에서 가장 안전한 곳이라고 광고하기도 해요.

하지만 소셜 미디어는 여러분의 위치 정보를 수집하고 여러분이 게시한 글과 사진들을 모두 보관하고 있습니다. 그들이 말하는 '짧은 기간'이 과연 짧은 걸까요? 그 사이 글과 사진들은 거기에만 머물러 있을까요? 익명성에 대한 그릇된 인식은 책임을 회피하게 합니다. 다시 한번 강조합니다. 인터넷상에서는 나를 아는 사람이 아무도 없을테니까 마음대로 해도 된다는 생각은 완전히 잘못된 판단입니다. 한 번의 실수로 인생을 그르칠 수 있다는 것을 잊지 마세요. 요즘 대두되는 일부 연예인들의 과거 학교 폭력 논란만 봐도 알 수 있지요. 기억뿐만 아니라 어딘가에는 자료가 남아 있기 마련입니다. 누군가는 보고 있습니다. 그것이 남몰래 한 선행이든 익명성 뒤에 숨어 저지른 비행이든 말입니다.

소셜 미디어가 즐거워지는 방법

소셜 미디어에서 사람들과 좋은 관계를 맺고 즐겁게 이용하고 싶다면 마음속에 몇 가지 원칙을 세웠으면 합니다. 첫째, 긍정적인 모습이 중요합니다. 소셜 미디어는 혼자서 불평하거나 감정을 드러내는 일기장이 아닙니다. 누군가와 닿아 있고 공개되는 공적인 공간입니다. 화가 난 상태에서 내뱉는 말들은 부정적이게 마련입니다. 긍정적인 글들이 나를 더욱 긍정적으로 만들고 다른 사람들에게도 좋은 기운을 전해 줄 겁니다.

둘째, 겸손함입니다. '자랑질 노노'입니다. 남들에게 인정받고 싶고 잘 보이고 싶은 건 당연한 마음입니다. 하지만 자랑을 한다고 인정받을 수 있는 게 아닙니다. 오히려 다른 사람들의 빈축을 사게 됩니다. 소셜 미디어를 자기 광고판으로 착각해서는 안 됩니다. 소셜 미디어에서도 예의가 중요합니다.

셋째, 따뜻함입니다. 말 한마디로 천 냥 빚을 갚는다고 하지요. 누군가를 칭찬하고 배려하는 말의 힘은 대단합니다. 어떤 댓글을 보면 너무 잔인하다 싶을 때가 많아요. 참 무서운 세상이라는 생각마저 하게 됩니다. 욕하고 비꼬는 걸 즐기는 걸까요? 한 번이라도 입장을 바꿔 생각한다면 함부로 말하지는 못할 텐데 말이죠. 따뜻한 말의 힘을 믿어 보세요.

넷째, 정직입니다. 어떤 사람은 페이스북을 '가짜'의 뜻을 담아 '페이크북'(fakebook)이라고 하기도 합니다. 페이스북을 하다가 상대적 박탈감을 느낀다는 사람이 많습니다. 친구가 올린 사진을 보면 나 빼고 다 멋진 여행을 하고, 맛난 음식을 먹고, 모두 행복해 보입니다. 하지만 누구든 가장 좋은 모습만 올린다는 사실을 잊지 마세요. 부족하면 부족한 대로, 아쉬우면 아쉬운 대로 솔직하게 임했으면 합니다.

3장 소셜하게 공유하고 소통하다

과잉 연결의 늪에 빠지지 않기

우리는 '연결 사회'를 지향합니다. 서로 연결되어 있다는 건 소중한 일이지요. 가족과 친구는 따뜻한 소속감을 안겨 주고 또 친구의 친구를 만날 수도 있습니다. 인터넷 기술이 고도화되면서 '사물 인터넷'(IoT; Internet of Things)이라는 말이 나오기도 했지요. 사물 인터넷은 물건에 센서를 붙여 인터넷으로 실시간 데이터를 주고받는 기술과 환경을 말합니다. 사람뿐만 아니라 모든 사물이 연결될 수 있다는 거지요. 덕분에 우리는 초연결 사회에 살면서 언제 어디서든 모든 사람과 사물에 연결되어 있습니다. 소셜 네트워킹 서비스를 이용하고 있다면 연결 사회를 실감할 수 있겠지요. 하지만 소셜 미디어로 인해 오히려 과잉 연결 사회의 늪에 빠진 건 아닌가 하는 생각도 듭니다.

아침에 눈뜨는 순간부터 잠자리에 들 때까지 스마트폰을 끼고 있다 보니 자기도 모르게 자꾸 소셜 미디어에 들어가 보게 됩니다. '좋아요' 누르기에 바쁘고 괜한 글이나 사진을 올리게 될 가능성도 높아지겠죠. 자꾸 글이나 사진을 올리다 보면 후회할 일이 생기고요. 하루에 한 번 또는 두 번 정도로 소셜 미디어에 들어가는 시간을 정해 두기 바랍니다. 알람 기능을 꺼 두면 끊임없이 스마트폰을 확인하는 행동도 줄일 수 있습니다. 그게 어렵다면 최소한 하루 중 소셜 미디어에 접속하지 않는 시간을 정해 보세요.

"고1 딸이 중학교 때부터 SNS에 빠져서 학업에 지장이 많았습니다. 성적이 떨어지면 제 눈치를 보며 스마트폰을 덜 쓰기도 했는데 그것도 잠시였습니다. 처음에는 스마트폰 사용 시간을 정해 봤지만 아이가 번번이 약속을 어기고 폰만 붙들고 있길래 결국 압수했습니다. 그러자 딸은 저와 대화를 거부하고, 몰래 SNS 하는 방법을 찾아서 하더군요. 어쩔 수 없이 딸에게 다시 스마트폰을 줬습니다. 그리고 아이의 관심을 다른 곳에 돌리려 운동도 시키고 가족 여행도 가고 여러 방법을 써 봤지만, 결과는 모두 실패였습니다. 고등학생이 된 지금은 아이도 성적에 스트레스를 받아 스마트폰을 덜 쓰려고 하는데 SNS만은 계속하고 싶어 합니다. 이대로 계속 두면 안 될 것 같은데 어떻게 하면 좋을까요?" (한겨레신문, 2019.5.19)

SNS만 붙들고 있는 딸에 대한 아버지의 하소연이 남의 일 같지가 않네요. 소셜 미디어 과다 사용으로 학업에 지장이 있고, 또 그 때문에 오히려 우울해진다는 기사들이 자꾸 나오니 부모님으로서는 걱정이 안 될 수가 없지요. 사실 소셜 미디어도 장점이 참 많습니다. 사람들을 연결시키는 수단으로서 이보다 더 강력하고 효과적인 방법은 없을 것 같아요. 연결되면 서로에게 위안이 되고, 가진 것을 나눌 수 있고, 머리를 맞대고 해법을 찾을 수도 있지요. 아랍의 민주화 운동도 소셜 미디어를 활용하면서 들불처럼 번져 나갔습니다. 그런데 최근에는 사람들이 너무 많이 모이면서 역기능도 드러나고 있습니다. 소셜 미디어 사이트에 들어가면 광고가 넘쳐나고, 개인 정보 유출 문제도 터지고, 허위 정보가 난무하기도 하지요. 소셜 미디어에 대한 여러분의 생각은 어떤가요? 어른들이 너무 민감하게 반응하는 건가요? 아니면 어떤 대책이 필요한 걸까요?

깨미주 ～～～～～～～～～～～～～～～～～～～～～～～～～～ 1

소셜 미디어에 글이나 사진을 올렸다가 후회한 적이 있나요? 소셜 미디어 때문에 우울해지거나 속상했던 일도 떠올려 보세요. 글을 지웠는데도 문제가 되지는 않았나요? 친구들의 경험도 들어 보면 좋겠습니다.

깨미주 ～～～～～～～～～～～～～～～～～～～～～～～～～～ 2

하루에 소셜 미디어에 몇 번이나 접속하는지, 글이나 사진은 몇 개나 올리는지 점검해 보세요. 몇 개의 '좋아요'를 누르는지, 내 글에 눌린 '좋아요' 개수를 몇 번이나 확인하는지도 세어 보세요. '친구' 가운데 일상에서 직접 만나는 친구와 소셜 미디어 공간에서만의 친구가 몇 명인지도 세어 보세요.

하나 더, 내 글이나 사진을 볼 수 있는 보기 설정의 범위는 어디까지
설정했나요? 또 주위 친구들은 어떻게 하고 있나요?

깨미주 ~~~~~~~~~~~~~~~~~~~~~~~~~~~~ 3

연결은 개인에게도, 사회적으로도 의미 있는 일입니다. 한편으로 우리
사회가 과잉 연결 사회라는 진단에 대해 어떻게 생각하나요? 과잉 연결
사회와 소셜 미디어의 관련성에 대해서 친구들과 토론해 보세요.

만나지 않고
대화하는 메신저

여러분에게 '페메'는 필수죠? 페이스북은 안 해도 페이스북 메신저는 이용하는 사람이 많은 것 같아요. 국민 메신저 카카오톡은 부모님 세대뿐만 아니라 할아버지 할머니도 이용하고 있으니 디지털에 능한 여러분은 당연히 이용할 거고요. 앞서 언급했던 2019년에 한국언론진흥재단에서 실시한 '10대 청소년 미디어 이용 조사'에 따르면 메신저 이용률은 거의 100퍼센트에 달합니다. 친구들끼리 같은 공간에 있으면서도 서로 메신저로 이야기하는 풍경을 자주 보곤 합니다. 단톡방을 만들어서 대화하는 것도 흔한 일이고요. 또 사건 사고가 생기거나 범죄 행위 수사 때 메신저의 대화 내용이 주요 단서가 되기도 하지요. 그야말로 모든 흔적이 남아 있는 공간이 메신저입니다.

메신저, 이래서 쓴다

사람들은 왜 이렇게 메신저를 많이 사용할까요? 일단 무료라는 점이 가장 큰 장점입니다. 서비스 가입만 하고 인터넷만 연결되면 언제 어디서든 무제한으로 쓸 수 있지요. 무료 와이파이 지역이 확대되기도 했고, 특정 메신저 서비스는 십 대에게 데이터 무료 서비스까지 제공하니 데이터 비용 문제도 걱정 없습니다.

우리나라의 스마트폰 보급률이 전 세계 1위라는 것도 큰 이유입니다. 스마트폰은 메신저에 언제 어디서나 이용할 수 있다는 날개를 달아 주었습니다. 해당 메신저를 쓰는 사람이 많을수록 가치가 더 높아지지요. 일종의 네트워크 효과가 발생하는 겁니다. 요즘 공공 기관에서도 메신저로 민원을 접수하고 정보 알림을 제공하고 있지요. 백화점이나 식당, 패스트푸드점을 지나갈 때 할인 쿠폰이 메신저 알림으로 뜨지 않던가요? 위치 정보 기술에 기반해서 정확하게 메신저를 날리는 거지요. 스마트폰 이용자가 늘어나는 만큼 메신저의 가치도 그만큼 커지고 있습니다.

또 실시간으로 커뮤니케이션을 할 수 있다는 것도 장점입니다. 같은 시간에 그룹으로 대화가 가능하다는 것도 강력한 유인 요소입니다. 문자뿐만 아니라 음성 통화와 영상 통화도 가능하고, 대화를 하면서 사진, 동영상 등 콘텐츠를 동시에 전달할 수 있으니 효율적입니다. 요즘에는 선물하기, 사진 찍기, 게임하기, 음악 듣기, 스마트 뱅킹까지 다양한 부가 기능이 추가되면서 이용자를 끌어 모으지요.

그 밖에도 여러 장점이 있지만 메신저 이용 확산의 이유로 이모티콘을 빼놓고 설명할 순 없을 것 같습니다. 이모티콘이 대화에 친밀감과 유대감을 높여 준다는 점을 부인할 사람은 없을 테니까요.

그림으로 대화하다, 이모티콘** ***

여러분은 하루에 이모티콘을 몇 개나 보내나요? 나의 감정 상태를 재치 있게 알리고 싶어서 이모티콘을 뒤적거리다가 탐탁지 않아 새로운 이모티콘을 사 본 적도 있을 거예요. 메신저는 이모티콘을 통해 단순한 문자 전송 수단을 넘어 자신의 감정을 풍부하게 표현하는 하나의 수단이 되었습니다. 이모티콘은 나의 감정을 전달해 주는 깜찍하고 능력 있는 대리인이지요. 자기 감정을 드러내는 걸 어려워하고 부담스러워하는 사람들도 이모티콘 하나로 쉽게 감정을 표현할 수 있습니다. 부모님께 사랑한다거나 죄송하다고 직접 말씀드리기 쑥스러울 때, 또는 오늘 늦을 거 같다고 말하기 난처할 때도 이모티콘이 딱입니다. 때로는 누구에게든 답하기 싫을 때 이모티콘 하나로 해결하기도 하고요.

메신저 이용량을 늘리게 한 것뿐만 아니라 이모티콘 자체가 하

**　'대박을 향한 고녀…이모티콘 제작의 세계', 〈경향신문〉, 2019. 5. 26.

***　대신증권 공식 블로그, 〈하루 50억? 뉴 비즈니스? 이모티콘의 경제학〉, 2010. 3. 7.

나의 산업으로 인정받을 만큼 성장했습니다. 2019년 3월 기준으로 카카오톡에서 이모티콘은 월평균 22억 건 정도 사용되고 있습니다. 매월 2800만 명의 카톡 이용자가 하루 평균 800개의 이모티콘을 주고받는 셈이라네요. 2011년에 6개로 시작한 카카오톡의 이모티콘은 2018년 12월 기준 6500여 개로 늘었습니다. 처음엔 누가 이걸 돈까지 주고 사겠나 싶었는데 이모티콘을 구매한 이용자가 2000만 명을 넘었고, 매출액 규모는 3000억 원이 넘었습니다.

이모티콘의 인기가 높아지자 기업과 공공 기관, 정부도 이모티콘을 활용하기 시작했습니다. 이런 인기에 힘입어 2019년에는 카카오톡에서 10억 원 이상의 누적 매출을 올린 이모티콘이 50개를 넘어섰습니다. 이 돈을 모두 창작자가 가져가는 것은 아닙니다. 창작자에게 돌아가는 이윤 배분이 적절한가는 논외로 하더라도 이모티콘 창작자의 수입이 적지는 않습니다. 비단 금전적 수익만이 아니라 내가 만든 이모티콘을 수십, 수백만 명이 쓴다고 생각하면 정말 자부심이 들 것 같아요.

여러분 중에 이미 유명한 이모티콘 작가가 되었거나 공개는 하지 않았지만 이모티콘을 만들어 본 사람도 많을 것 같습니다. 캐릭터를 잘 만드는 것도 중요하지만 이모티콘의 핵심은 스토리텔링입니다. 대화 속에서 이야기를 만들어 보며 그때 생기는 감정을 어떤 모습으로 표현할지 고민해 본다면 멋진 이모티콘의 창작자가 될 수 있을 거예요.

소통이 상처가 되다, 메신저 이용 주의 사항!

나 돈 좀 보내 줘! 메신저 피싱

메신저의 확산이 이모티콘을 하나의 성공적인 산업으로 이끌어 냈지만 성장에는 늘 부작용이 따르기 마련입니다. 메신저가 최근 피싱의 수단으로 악용되고 있다는 겁니다. "급한 일인데 돈 좀 보내 줘." 어느 날 갑자기 친구, 자녀, 혹은 주변의 지인들로부터 이런 메시지를 받습니다. 분명히 그 사람이고 프로필 사진도 맞습니다. 뭔가 미심쩍어 확인해 보니 역시나 피싱. 연예인들도 지인을 빙자해 돈을 요구하는 피싱에 당할 뻔한 경험이 있다고 하고, 또 주변에서도 흔히 듣는 이야기입니다. 얼떨결에 바로 돈을 보냈다가 당한 사람들도 많습니다.

경찰청 발표에 따르면 2019년 상반기 사이버 범죄는 8만 5953건으로, 지난해 같은 기간보다 22.4퍼센트 늘었습니다. 사이버 범죄가 하루 평균 약 475건씩, 그러니까 3분에 한 번꼴로 발생한 셈입니다. 특히 피싱의 경우, 거의 두 배가 늘어났고 주로 메신저에서 벌어졌습니다. 메신저 피싱은 카카오톡 등 메신저를 해킹해 등록된 지인에게 금전을 요구하는 범죄지요. 범인이 피해자의 프로필과 동일한 가짜 계정을 만들어 해킹으로 확보한 피해자의 인터넷상 주소를 연동한 뒤 피해자의 지인에게 접근해 금전을 요구하는 방식으로 이뤄집니다. 최근에는 은행이나 법원, 경찰청 등 기관을 사칭하거나 입사 지원서를 위장한 방식 등 여러 유형으로 유포되고 있어 각별한 주의가 필요합니다.

아무리 바쁘고 놀라서 정신없더라도 돈을 요구하는 메신저가 오면 피싱을 의심하고 반드시 지인이 맞는지 전화로 확인을 해야 합니다. 자신은 당하지 않았더라도 다른 피해자를 막기 위해 꼭 피싱 신고도 하시고요.

모르는 사람이니까 대화가 더 편해, 위험한 익명성

혹시 메신저 아이디가 몇 개인가요? "모르는 사람과 친구를 맺기 위해 아이디를 하나 더 만들었다."는 한 십 대는 "학교 친구보다 더 친하게 지내는 사람도 많다."고 합니다. 친구들에게 말하면 소문이 나기 쉽지만 모르는 사람에게는 털어놓아도 별 상관이 없어서 편하다는 이유지요. 하지만 모르는 누군가를 믿어도 될까요? 실제로 십 대 여성으로 가장해 고민을 들어 주는 척하면서 개인 정보를 알아내서 "나체 사진과 동영상을 보내지 않으면 학교로 찾아가겠다."라고 하며 십 대 여학생들을 협박한 혐의로 이십 대 남성이 구속되기도 했습니다.

과거 채팅이 유행했을 때처럼 낯선 사람과 관계 맺기 수단으로 메신저가 이용되고 있습니다. 하지만 채팅 사이트와 달리 메신저는 한번 대화한 상대에게 다시 접근하기가 쉬워, 메신저 채팅은 개인 정보 노출 위험이 크고 범죄에 악용되기 쉽다는 지적이 끊이지 않습니다. 인터넷에서 '친추'를 검색하면 관련 인터넷 카페들이 쏟아집니다. 카페에는 메신저 아이디를 올려놓고 친구를 구한다는 글이 가득하죠. 소셜 미디어 계정에서 친구를 맺으면 메신저로 연동되기도 합니다. 메신저를 보낼 수 있는 사람의 범위를 설정하는 것이 중요한 이유입니다. 답답한 현실에서 잠시 벗어나고 싶어 낯선 누군가와 이야기하다가 상상도 못 할 위험에 빠질 수 있다는 걸 잊지 않았으면 합니다.

n번방 사태로 드러난 디지털 성 착취, 불법 촬영물 공유

메신저에는 서로 간에 대화만 오가는 것이 아니지요. 사진이나 동영상을 올리고 공유하기도 합니다. 효율적인 기능임이 분명합니다. 하지만 어떤 내용을 올리고 공유하느냐에 따라 문제가 될 소지가 있습니다. 성적인 사진이나 음란 동영상이라면 문제가 큽니다. 내가 올린 게 아니라 괜찮다고요? 공유하는 것만으로도 불법 행위로 수사와 처벌의 대상이 됩니다.

법 조항을 볼까요? "불법 촬영물을 직접 찍어 공유하는 행위는 성폭력 범죄의 처벌 등에 관한 특례법(성폭력처벌법) 제14조가 적용된다. 타인이 촬영한 영상을 공유하는 것은 통신매체이용음란죄로 성폭력 범죄의 처벌 등에 관한 특례법 제13조를 따른다."라고 되어 있습니다. 통신매체이용음란죄는 2년 이하의 징역 또는 500만 원 이하의 벌금형에 처해집니다. 메신저로 음란 동영상 사이트를 링크하는 것도 동일한 처벌을 받습니다. 성적 수치심을 유발할 수 있는 콘텐츠를 링크해서 상대방에게 보내는 행위는 직접 영상이나 사진을 공유하는 것과 다를 바가 없다고 법원은 판결했습니다.

최근 우리 사회를 충격으로 몰아넣은 'n번방' 사건은 디지털 성범죄 양형 기준을 다듬자는 목소리를 키우는 계기가 되었습니다. 2015년에 성 착취 사이트 운영자의 지시를 받은 여성이 한 워터파크 샤워실에서 불법 촬영한 사건으로부터 미투 흐름을 타고 꾸준히 대두되어 온 사안이지요. 2020년에 수면 위에 떠오른 텔레그램 내 아동 및 청소년 성 착취 사건인 n번방 사태의 피해자뿐 아니라 가해자들 중에도 십 대가 있음이 밝혀지면서 청소년 성교육 강화에 대한 요구도 높아지고 있습니다. 금품 등을 미끼로 삼아 아동과 청소년들의 성적인 사진과 동영상을 받아 협박하고 유포한 끔찍한 사건이지요. 주범과 관전자들 역시 구속되거나 처벌받고 있습니다. 1:1 채팅이나 단체 채팅방도 모두 데이터가 증거로 남기 때문에 우연히 들어갔거나 보기만 했다고 부인해 봐야 아무 소용 없습니다. 농담처럼 단톡방에 올렸다고 항변하지만 음란한 사진이나 영상, 음담패설을 전송한 것은 명백한 처벌 대상입니다.

이런 것은 링크만 터치하면 바로 접할 수 있어 십 대가 접근하기 쉽습니다. 복사해서 친구에게 보내거나 단톡방에도 올립니다. 모두 엄연한 범죄입니다. 여러분이 그런 범죄를 저질러서는 결코 안 되겠지요. 최근 〈인간수업〉이라는 드라마가 n번방 사태를 연상시키는 청소년 성 착취를 소재로 삼아 화제가 되었는데, 앞으로 더더욱 관심을 가져야 할 사안이며 십 대 역시 피해자가 되는 것뿐만 아니라 가해자가 되지 않도록 조심해야 합니다.

'찌라시'를 믿어도 될까?

'찌라시'라는 유령이 메신저에 떠다닙니다. 내용의 대부분이 연예인 관련 뒷이야기입니다. 확인되지 않은 정보지만 기정사실로 받아들이고 친구에게도 전달해 줍니다. 특히 단톡방에 이런 찌라시를 잘 올리는 친구가 있습니다. 마치 대단한 정보를 가진 것처럼 우쭐대고, 주변에서는 또 다른 건 없냐고 묻기도 합니다. 음란물과 마찬가지로 확인되지 않은 허위 정보 역시 메신저에 올리는 것은 물론 공유만 해도 법적 처벌을 받게 됩니다.

떠도는 헛소문은 안 믿는다고 무시하면 그만이지만 내게도 직접 영향을 미치는 거라면 이야기는 또 달라집니다. 대체로 두 가지 유형입니다. 하나는 이러이러한 피해를 입지 않으려면 이렇게 해야 한다는 메시지입니다. 설마 하면서도 안 하려니 찝찝해서 시키는 대로 하고, 주변 사람들에게도 도움이 될 것 같아 전달해 줍니다. 다른 하나는 이 내용을 공유하면 누군가를 도울 수 있다는 메시지입니다. 사람들의 선의를 악용하는 것이어서, 이 때문에 정말 누군가를 돕기 위한 캠페인마저 의심하게 만들어 버립니다. 이렇듯 겉으로는 사람들에게 이익이 되는 정보의 형태를 띠고 있어도 허위 정보일 뿐입니다.

발 없는 말이 천 리 간다는 속담이 있지요. 인터넷 세상에서 정보는 빛의 속도로 퍼집니다. 헛소문은 더 빨리 퍼져 나가지요. 개인의 명예를 훼손하고, 정치인을 낙마시키고, 기업을 쓰러뜨리고, 심지어 민주주의의 기반까지 뒤흔듭니다. '정보 전염병'이라는 용어가 생겨날 정도입니다. 정보(information)와 전염병(epidemic)의 합성어로, '인포데믹스'(infodemics)라고 칭합니다. 이것은 위험에 대한 잘못된 정보나 행동에 관한 루머들이 인터넷이나 스마트폰 같은 IT 기기를 통해 빠르게 확산되는 현상입니다. 근거 없는 공포나 악소문을 증폭해 사회, 정치, 경제, 안보 등에 치명적인 위기를 초래하는 것을 의미합니다.

더욱이 대중의 사랑을 받는 연예인은 SNS 등으로 사생활이 유출되면서 근거 없는 악플이 달리는 경우가 많습니다. 특히 아이돌은 더 심하지요. 최근 악플에 시달리다가 안타깝게 세상을 떠난 아이돌 연예인들의 사연은 우리 사회에 경각심을 불러일으키고 있습니다. 생각 없이 단 댓글 하나하나가 모여 한 사람의 인격을 무너뜨리고 심지어 목숨까지 앗아 갈 수 있다는 점을 십 대 여러분도 꼭 알아 두었으면 합니다.

메신저에 떠도는 말들을 그대로 받아들이거나 무작정 공유해서는 안 됩니다. 모든 정보에 대해 개인이 참과 거짓을 판별하기는 어렵겠지만 온·오프라인 정보를 통해 사실 여부를 반드시 확인하면서 좀 더 신중하고 현명한 메신저 사용을 기대합니다.

단톡방 왕따는 범죄!

앞서 메신저를 많이 쓰는 이유를 살펴보면서 여러 사람이 실시간으로 이야기할 수 있다는 점을 강력한 유인 요소라고 했습니다. 여러 사람이 모여서 대화하는 공간, '단톡방'이라고 하지요. 여러분은 단톡방을 몇 개나 가지고 있나요? 가족이나 친구 간의 친목 도모 또는 과제를 함께할 때 등 새로운 모임이 생기면 단톡방부터 만들기 마련입니다. 무척 효율적이니까요.

그런데 이 단톡방이 말썽을 일으킵니다. 친한 사람들끼리 만드는 것이 단톡방인데, 누군가를 의도적으로 소외하기 위해 단톡방을 별도로 만드는 경우가 생깁니다. 굴욕 사진을 올리고, 조롱하고, 외모를 비하하고, 개인 정보를 퍼뜨리며 비웃습니다. 심지어 단톡방에 사람을 초대해 놓고 아무도 말을 안 하거나 그 사람만 남겨 두고 모두 퇴장해 버리는 일까지 있습니다. 메신저 단톡방에서 왕따를 만드는 거지요. 어떤 이유에서건 결코 해서는 안 될 행동입니다. 언어폭력이나 집단 따돌림과 같은 정서적 괴롭힘 역시 명백한 학원 폭력입니다. 장난이었다고 말할지 모르지만 당사자에게는 평생 잊지 못할 상처가 됩니다.

한 번이라도 입장을 바꿔 놓고 생각해 보세요. 피해자가 입을 좌절과 괴로움, 분노, 공포를 상상해 본 적이 있나요. 그럴 리야 없겠지만 여러분이 가해자가 되어서는 안 됩니다. 그런 행위를 방관해서도 안 됩니다. 방관자도 가해자나 마찬가지입니다. 우리 모두 가해자가 되지 않는다면 피해자는 생기지 않겠지요.

모바일 메신저나 SNS로 사이버 공간에서 특정인을 집단으로 따돌리거나 괴롭히는 행위를 뜻하는 사이버불링은 해외에서도 심각한 문제입니다. 캐나다에서는 고등학생들이 자체적으로 사이버 왕따에 반대하는 캠페인을 벌였습니다. 핑크색 셔츠를 입었다는 이유로 사이버 공간에서 따돌림을 당한 친구를 위해서였습니다. 유엔이 이를 존중해서 공식적으로 '안티불링 데이'(Anti-Bullying Day)를 제정하기까지 했습니다. 여러분도 주체적으로 이런 캠페인을 벌여 보는 건 어떨까요?

메신저 과잉은 소통의 부재를 낳는다

공부하면서 PC로 메시지를 받다 보면 여러 개 창을 열어 두게 마련입니다. 스마트폰에서도 동시에 여러 사람과 메시지를 주고 받게 되는 경우도 많고요. 순간순간 응답하다 보면 다른 창에 적을 내용을 잘못 적어 보낸 적이 분명 있을 거예요. 단톡방 멤버들을 확인하지 못하고 글을 올렸다가 수습 못 해 안절부절한 적도 있지요? 메신저 과잉 때문에 생기는 일들입니다. 과학기술정보통신부가 우리 국민의 스마트폰 과의존 실태 조사를 했는데, 청소년이 스마트폰에 중독되는 원인은 메신저라고 밝혔습니다. 여러분은 앉아서도 걸으면서도, 그리고 교실에서도, 식탁에서도, 잠자리에서도 메신저에 매달려 있나요? 누구와 그렇게까지 대화가 필요한가요? 바로 지금 옆에 여러분을 바라보고 있는 사람이 있습니다. 대화하세요. 메신저에서 눈을 떼고 상대의 눈을 마주하고요.

W양(16)은 평소 친하게 지내던 친구 2명과 사소한 일로 시비가 붙어 다퉜다. 얼마 지나지 않아 W양은 '카톡 감옥'으로 초대받았다. W양을 기다리던 동급생 6명은 W양의 사진을 캡처해 올리며 "못생겼다.", "얘 완전 쓰레기다." 등의 모욕적인 발언을 퍼붓기 시작했다. W양 부모에 대한 욕설도 난무했다. W양이 단톡방에서 나오고 다시 초대되는 일이 반복됐고 결국 사흘간 괴롭힘이 이어졌다. W양이 대답을 해도 안 해도 욕먹기 일쑤였다. W양은 "이때 너무 힘들어서 손목을 긋기까지 했다. 지금도 희미하게 흉터가 남아 있다."며 이 일이 있은 후 친구를 사귀는 게 너무 힘들다고 토로했다. (파이낸셜뉴스, 2018.5.22)

사이버불링 피해 유형

유형	설명
떼카	피해 학생을 채팅방에 초대한 뒤 다른 멤버들이 일제히 욕설을 퍼붓는다.
방폭	피해 학생을 채팅방에 초대한 뒤 멤버들이 한꺼번에 나가 버린다.
카톡 감옥	피해 학생을 채팅방으로 계속 초대해 괴롭힌다.
카톡 유령	의도적으로 채팅방에서 피해 학생의 말을 무시한다.

출처: 〈시사저널〉 1512호(2018. 10. 5)

학교 폭력이 사이버로 옮겨 갔다는 지적이 많습니다. 시간과 장소에 제한 없이 언제 어디서나 이어지고, 기존의 학교 폭력과는 달리 겉으로 잘 드러나지 않는다는 점에서 우려의 목소리가 더 높습니다. 피해 학생이 극단적인 선택을 하는 비극도 발생하고 있습니다. 여러분의 메신저는 본인에게도 친구들에게도 안전한가요? 흉기로 이용되고 있지는 않나요?

깨미주 ～～～～～～～～～～～～～～～～～～～～～～ 1

메신저 왕따 만들기에 참여했거나 목격한 적이 있나요? 참여했다면
왜 했고, 왕따를 시킨 이유는 무엇이었나요? 목격했을 때 어떻게
대응했나요? 피해자의 심정을 생각해 보았나요?
그런 적이 있다면 허심탄회하게 이야기해 보세요. 다시 그런 상황이
온다면 어떻게 할지 친구들과도 토론해 보세요.

깨미주 ～～～～～～～～～～～～～～～～～～～～～～ 2

메신저 피싱을 경험해 본 적이 있나요? 어떤 내용이었고 어떻게
대처했는지 이야기해 보세요. 없다면 친구들과 부모님의 이야기도 들어
보세요.

친구들과의 단톡방에 떠돌았던 괴소문의 사례를 이야기해 보세요. 사실
여부를 확인해 봤나요? 그 소문은 누가, 왜 퍼뜨렸을까요? 친구들의
사례도 같이 들어 보고 이야기해 보세요.

4장

뉴스를 보고 듣는
다양한 방법

세상의 모든 소식을
전하는 뉴스

뉴스란 무엇일까요? 뉴스(news)는 '새로운 것들'(new things)이라는 뜻을 가진 프랑스 고어 noveles, 중세 라틴어 nova에서 유래된 말이라고 합니다. 대학 때는 수업에서 교수님의 "뉴스는 동서남북(영어로는 north, east, west, south의 순)의 첫 글자를 따온 것이다."라는 말씀에 동서남북 모든 곳에서 일어나는 새로운 소식이 뉴스겠거니 생각했지요. 그러다가 기자 생활을 하면서는 신문에 인쇄되어 나오거나 방송에 나와야 뉴스라고 생각하게 됐습니다. 세상에서 일어나는 모든 일을 취재해서 쓸 수도 없거니와, 취재를 했다 해도 소속 신문사와 방송사의 상황에 따라 보도가 안 되기도 하니까요. 결국 기사가 선별되어 신문이나 방송에 실려야 사람들이 뉴스로 받아들이는 거지요.

뉴스 선별의 기준은 무엇일까?

그렇다면 언론사는 어떤 기준으로 뉴스를 선별하는 걸까요? 다시 말해, 어떤 기준으로 새로운 소식을 선택해서 신문에 싣고 방송에 내보내는 걸까요? 공통된 기준이 있는 것은 아니지만 언론사에서는 대체로 시의성, 중요성, 근접성, 특이성, 갈등 상황 등을 고려해 기삿거리를 결정합니다.

먼저 시의성은 사안이 현재와 밀접하게 닿아 있는지, 지금 전달하기에 적절한 성질을 가지고 있는지를 따져 보는 것입니다. 시의성 있는 뉴스를 전달하려는 언론사들의 속보 경쟁이 낳는 폐해도 있지만 뉴스라는 의미 자체가 새로운 소식이니, 시의성은 뉴스 선택의 중요한 결정 요인이겠지요.

언론사의 독자들을 비롯해 우리 사회에 중요한 의미를 갖는 사안인지도 고려해야 합니다. 남북 정상 회담과 같은 정치, 경제, 국방 등의 주요 이슈나 대형 사건 사고는 뉴스의 집중 조명을 받습니다. 이슈뿐만 아니라 인물도 뉴스 가치가 있다고 판단합니다. 대통령이나 국회의원, 인기 연예인이나 스포츠 스타의 소식이 흔히 뉴스로 전달되는 이유지요.

또한 독자들에게 얼마나 근접한 사안인가도 중요합니다. 여기서 근접성은 물리적으로 가까운 경우뿐만 아니라 심정적으로 가까운 것까지 의미합니다. 예를 들어, 아랍에서 벌어지는 일은 물리적으로 가깝지 않지만 우리 군인들이 파병된 상황이라면 심리적 근접성이 매우 높겠지요. 아랍에 파병된 한국군의 소식은 우리 국민에게 중요한 의미가 있고, 심리적 근접성이 높기 때문에 뉴스로 선택되는 거지요.

특이성은 말 그대로 뭔가 특별해야 뉴스거리가 된다는 말입니다. 앞서 중요성과 맞물려 이런 비유를 들곤 합니다. '개가 사람을 물면 뉴스가 안 되지만 사람이 개를 물면 뉴스가 된다.', 그리고 '개가 일반인을 물면 뉴스가 안 되지만 개가 대통령을 물면 뉴스가 된다.'고도 합니다.

뉴스를 선별할 때 또 하나의 중요한 요소는 갈등입니다. 다툼이나 마찰, 갈등, 충돌을 원하지 않지만 싸움 구경을 좋아하는 게 인간의 본능인가 봅니다. 여야 갈등, 노사 갈등, 남녀 갈등처럼 대립하는 구도일 때 뉴스가 되곤 하지요. 자연재해도 한편으로는 자연과 인간의 대립이나 충돌로 볼 수 있어요.

결국 뉴스 선택에서 가장 큰 기준은 무엇보다도 독자들과 우리 사회에 던지는 의미와 중요도겠지만, 속보 경쟁과 화제성에 대한 경쟁이 과열되면서 사회적 의미보다는 독자들의 관심을 끌기 위한 자극적인 뉴스가 많아지는 것 같습니다. 심지어 가짜 뉴스까지 판을 치고 있으니까요. 가짜 뉴스라고 하니까 그럼 진짜 뉴스는 뭔가 싶은가요? 허위 정보와 가짜 뉴스는 그 사회적 폐해가 큰 만큼 이 책의 다른 장에서 별도로 다루겠습니다.

뉴스는 무엇을 다루고 또 어떻게 나뉠까?

뉴스는 정치, 경제, 사회, 문화, 국제, 스포츠 등 다양한 분야를 다룹니다. 한국언론진흥재단에서 실시한 조사를 보니 한국인이 가장 많이 보는 뉴스는 흥미롭게도 기상 뉴스더군요. 경제, 스포츠, 연예, 자동차 등 특정 분야에 집중하는 전문 뉴스도 있지요. 종교, 국방, 농어민 등 특정 이용자층을 대상으로 발행하는 뉴스 미디어들도 있습니다. 그러고 보니 초등학생을 위한 어린이 신문은 종합 일간지에서도 만들고 있는데 중고생을 위한 청소년 신문은 찾아보기가 힘드네요. 청소년의 관심사가 성인들과는 다를 텐데 왜 청소년 신문은 거의 없는 걸까요? 여러분이 한번 청소년을 주 독자층으로 하는 청소년 신문을 만들어 보면 어떨까요?

경성 뉴스와 연성 뉴스

이렇게 주제나 대상별로 뉴스를 나누기도 하고, '경성 뉴스'와 '연성 뉴스'라는 개념으로 나누기도 합니다. 경성 뉴스(hard news)는 정치나 경제, 국제 관계 등에 대한 사실적 설명을 담아 육하원칙에 맞춰 보도하는 형식입니다. 반면, 인간적 흥미 위주로 부드럽게 보도하는 형식을 연성 뉴스(soft news)라고 합니다. 같은 이슈에 대한 접근 방식의 차이입니다. 예를 들어 자동차 기름값 인상을 육하원칙에 입각해 사실적으로 서술하면 경성 뉴스로 분류되고, 기름값을 절약하기 위한 방법을 정리해 주면 연성 뉴스가 됩니다. 경성 뉴스와 연성 뉴스로 나누는 것이 좋고 나쁨의 구분은 아닙니다. 정치든 경제든 연예든 스포츠든 특정 주제만 본다든가, 또는 경성 뉴스만이 진정한 뉴스라고 고집하거나 말랑말랑한 연성 뉴스만 보는 식의 편식이 문제가 되겠지요.

스트레이트 기사와 의견 기사

뉴스의 유형을 '스트레이트 기사'와 '의견 기사'로 나누기도 합니다. 스트레이트 기사는 기자의 의견이나 해석을 배제하고 육하원칙에 따라 보도하는 뉴스입니다. 반면, 의견 기사는 사건의 배경과 원인을 설명하고 해석을 덧붙이며 나아가 미래에 대한 예측과 전망을 제시합니다. 논설이나 칼럼도 의견 기사의 한 형태입니다. 스트레이트 기사는 사실에 근거해서 언제, 어디서, 누가, 무엇을, 어떻게 했는지에 집중하기 때문에 언론사마다 큰 차이가 없습니다.

하지만 의견 기사는 언론사와 기자들의 관점에 따라 동일한 사안에 대해서도 상반된 해석을 내놓습니다. 흔히 사설이나 칼럼에서 사안의 원인에 대한 분석이나 책임 소재, 미래 전망을 서로 다르게 해석하지요. 그래서 많은 언론사가 존재하는 것이 다양한 목소리를 내는 데 도움이 됩니다. 그렇다고 '표현의 자유'를 방패로 삼아 상식에 어긋나고 타인에게 해가 되는 주장을 하는 것은 올바르지 않겠지요. 표현의 자유에는 책임이 따르며, 특히 뉴스를 생산하는 언론사로서는 더 무거운 사회적 책임 의식을 가져야 합니다.

누가 뉴스거리를 선택할까?

앵커나 기자들의 이야기를 다룬 드라마나 영화를 보면 자신이 취재한 기사가 보도되게 하려고 치열하게 경쟁하는 모습이 나오지요. 특종을 잡기 위해 스파이를 능가하는 첩보 작전을 펼치기도 합니다. 그럼 과연 현실에서는 어떤 기준으로 뉴스가 선택될까요?

언론학자들은 어떤 소식이 뉴스로 선별되는지 연구해 왔습니다. 화이트는 언론사의 데스크(신문사나 방송국에서 기사의 취재와 편집을 지휘하는 직위 또는 그런 사람) 역할에 주목했습니다.[*] 뉴스 통신사[**]에서 제공되는 뉴스 가운데 신문에 실을 기사를 결정하는 책임자를 7일간 관찰한 거예요. 그는 데스크가 어떤 아이템을 뉴스로 택하고 어떤 걸 버리는지 결정하는 모습을 들여다보았습니다. 특히, 기사화하지 않는 경우에 그 이유가 무엇인지 조사했습니다. 결론은 '매우 몹시 주관적인 판단'이었다는 겁니다. 데스크가 기

[*]   White, D, M., *The gatekeeper: A case in the selection of news*, *Journalism Quarterly*, 27, 383~390, 1950.

[**]   뉴스 통신사(news agency)는 자체적인 취재 조직을 가지고 뉴스와 기사 자료를 수집해서 배포하는 기구입니다. 신문사와 방송사, 잡지사, 포털에 뉴스를 파는 도매상 역할을 합니다. 언론사는 자체 인력만으로 모든 뉴스를 수집하기에는 인력과 경비의 한계가 있기 때문에 통신사와 계약을 맺어 뉴스를 제공받습니다. 영국의 로이터(Reuters), 프랑스의 AFP(Agence France Presse), 미국의 AP(Associated Press), UPI(United Press International), 러시아의 이타르타스(ITAR-TASS), 중국의 신화통신 등이 있습니다. 우리나라에도 연합뉴스, 뉴시스, 뉴스1을 비롯해 다수의 통신사가 존재합니다.

사들을 휙휙 넘기면서 이건 아웃, 이것도 아웃, 이것도 이것도 이것도 아웃, 그러다가 오케이 굿!이라고 외치는 것이 뉴스로 선택되었습니다.

화이트 박사는 연구 논문에서 본인이 관찰한 뉴스 선택 결정자를 '미스터 게이츠'(Mr. Gates)라고 칭했습니다. 문을 지키는 사람(gate keeper), 즉 '문지기'라는 말에서 가져온 것입니다. 뉴스 문지기가 통과시키면 뉴스가 되고, 아니면 뉴스가 되지 않는다는 의미지요. 바로 이렇게 뉴스를 결정하는 문지기 역할을 언론의 '게이트 키핑'(gate keeping)이라고 합니다. 신문사나 방송사에서는 여전히 경험 많은 기자가 미스터 게이츠의 역할을 하고 있습니다. 여러분이 주로 보는 뉴스 포털의 미스터 게이츠는 누구인가요? 답은 이 책을 계속 읽어 나가며 찾아보세요. 그리고 한 가지 더! 우리가 흔히 쓰는 포털(portal)은 우리말로 '관문'입니다. 뉴스뿐만 아니라 모든 것을 걸러 내는 관문! 느낌이 팍 오지 않나요.

뉴스 하나가 세상에 나오기까지

그럼 하나의 뉴스가 탄생하기까지 언론사에서 어떤 결정 과정을 거치는지, 미국의 언론학자인 슈메이커와 리스의 다섯 개 동심원 구조를 통해 살펴볼까요?*** 일단 사건을 취재하여 쓰는 것은 일차적으로 기자의 몫입니다. 기자의 성별, 연령, 교육 배경, 종교, 정치적 견해, 세계관, 개인적 관심 분야 등이 작용하여 뉴스 가치가 있다고 판단하는 사안이 있겠지요. 회사에서 취재를 할당하는 경우가 많지만 맨 먼저 기자가 뉴스 선별의 1차 관문에 있습니다.

2차 관문은 언론사의 업무 관행입니다. 신문에는 인쇄되어야 하는 마감 시간이 있고, 방송 뉴스도 생방송으로 나갈 시간이 정해져 있지요. 취재를 더 하고 싶어도 이 시간은 맞춰야 합니다. 3차 관문은 바로 언론사의 내부 데스킹입니다. 앞서 설명한 게이트 키핑의 핵심이 되는 영역입니다. 일선 기자들이 취재한 기사를 부장들이 최종적으로 선별합니다. 4차 관문은 외부 압력 집단의 영향입니다. 종교 단체나 환경 단체도 흔히 압력 집단으로 작용합니다. 하지만 무엇보다도 가장 큰 압력 집단은 바로 광고주가 아닐까요? 광고비를 주 수입원으로 운영하는 언론사는 직간접적으로 광고주로부터 자유롭기 어렵겠지요.

마지막으로 국익과 국가 이데올로기가 기사 선별과 기사의 방향에 중요하게 작용합니다. 애플과 삼성의 특허 전쟁이나 일본 위안부 보도 등을 떠올려 보면 언론사의 이념적 성향을 뛰어넘어 국익이나 국가 이데올로기가 우선하고 있음을 알 수 있지요.

*** Shoemaker, P. J. & Reese, S. D., *Mediating the message: Theories of influences on mass media content*, New York : Longman, 1996.

사회의 의제를 결정하고 사고의 틀을 만드는 뉴스

이러한 의사 결정 과정 속에서 선별된 뉴스는 우리 사회에 큰 영향을 끼치게 마련입니다. 뉴스가 우리 사회에서 가장 중요한 대중들의 의제를 결정하기 때문입니다. 미디어 학자들은 조사를 통해 다수 대중에게 지금 세상에서 벌어지고 있는 일 중에서 가장 중요하다고 생각하는 것이 무엇인지 직접 묻고 순위를 매겨 보았습니다. 해당 사안별로 신문, 방송, 잡지에서 다루는 뉴스를 지면과 방송 시간으로 측정해 보니 사람들이 중요하다고 답한 이슈와 중요도 순위가 같았습니다. 다양한 주제의 수많은 기사가 보도되지만, 미디어가 더 많이 보도하는 주제일수록 사람들이 중요하다고 인식한다는 것이지요. 사람들이 세상에서 일어나는 모든 일을 직접 경험할 수 없기 때문에 뉴스의 보도에 영향을 받을 수밖에 없는 것입니다. 미디어 학자들은 이 현상을 '의제 설정' 기능이라고 칭했습니다.

창틀에 따라 달리 보이는 세상, 프레이밍 효과

뉴스를 보다 보면 "프레임을 씌운다."라는 표현이 자주 등장하지 않나요? '프레임'은 사진이나 그림의 액자처럼 내용물을 둘러싸는 경계이지요. 창문의 틀을 생각해도 되고요. 실제로는 더 넓은 세상이 있고 복합적인 일이 벌어지고 있지만 우리가 보는 세상은 뉴스 프레임에 보여지는 부분뿐입니다. 무엇을 강조

4장 뉴스를 보고 듣는 다양한 방법

하고 확대할지, 무엇을 축소하고 안 보여 줄지를 결정하는 것이 바로 뉴스의 프레임입니다. 예를 들어 한 유명 인사의 부정적인 행동에 대한 논란이 일어났는데 그 행동의 옳고 그름보다는 그 유명 인사의 사생활에 대한 보도를 쏟아 낸다면, 해당 사건을 대하는 사람들의 논점이 달라지는 데에 뉴스 프레임이 작용한다는 거지요.

질문이나 문제 제시 방법(틀)에 따라 사람들의 선택이나 판단이 달라지는 현상을 '프레이밍 효과'(framing effect)라고 합니다. 무엇보다도 뉴스의 제목이 강력한 프레이밍 효과를 가집니다. 기자들도 제목을 어떻게 뽑을지 고민하지요. 간결하면서도 눈에 띄고 기사의 의도를 잘 표현하는 제목을 달고 싶어 합니다. 그래서 기사의 제목을 보면 이미 찬반에 대한 논조가 드러나는 경우가 많습니다. 또 기사 제목과 함께 사진이 갖는 프레이밍 효과도 큽니다. 사진이야말로 강조하는 부분을 극명하게 드러내는 수단이지요. 뉴스를 볼 때 우리가 제목과 사진을 눈여겨봐야 할 필요성이 여기에 있습니다.

뉴스가 보여 주는 세상은 진실일까?

흔히들 뉴스를 '세상을 향한 창'이라고 합니다. 세상에서 벌어지고 있는 일을 전해 주고 해석해 주는 것이 뉴스지만, 어떤 일을 선택하고 어떤 틀로 보여 주는지에 따라 여러분은 다른 세상을 보게 됩니다. 정당 간의 대립, 경제 지표에 대한 해석, 노사

간의 갈등, 외국과의 관계 등 모든 사안에 프레이밍이 작용합니다. 언론사 조직의 성향이나 국가의 이익에 따라 동일한 사안에 대해서도 문제점과 책임 소재, 해법에 대해 다른 시각으로 해석합니다. 한 곳에서만 바라보면 세상을 제대로 볼 수가 없습니다. 여러분이 뉴스를 통해 보게 되는 세상은 프레임 안의 한 부분이기 때문에 때로는 진실과는 다른 왜곡된 모습일 수 있습니다. 총체적인 모습을 보기 위해서는 먼저 뉴스를 신중하게 읽고 다양한 관점이 있을 수 있음을 인지해야 합니다.

동일한 사안에 대해 뉴스가 어떤 프레임으로 비추는가에 따라 우리가 보게 되는 세상은 달라집니다. 아래 그림을 보면 실제로는 한 사람이 흉기를 들고 앞사람을 쫓아가며 위협을 하고 있습니다.

4장 뉴스를 보고 듣는 다양한 방법

그러나 텔레비전 프레임 안에 비춰지는 부분만 보면 마치 앞사람이 뒤에 있는 사람에게 흉기를 들이대고 위협하는 모습으로 보입니다.

다음 자료는 동일한 사진을 두고 아랍의 알자지라 방송사와 미국의 뉴스 채널 CNN이 어떻게 프레이밍을 했는지 보여 줍니다. 두 명의 미국인이 아랍 병사를 포로로 잡은 현장입니다. CNN(오른쪽)에서는 포로에게 자기 수통의 물을 먹여 주는 인도적인 인간으로 미국 군인을 묘사합니다. 반면, 알자지라 방송(왼쪽)에서는 미국 병사를 포로의 목을 꺾고 총구까지 겨누는 잔인한 인간으로 비춥니다. 참고로 말하자면, 알자지라는 서구의 방송이 자국 이익에 따른 시각으로만 뉴스를 전달한다는 사실에 반기를 들고 아랍 국가들이 연합해서 만든 방송사입니다.

How the media can manipulate our view point

나의 뉴스 이용 습관 돌아보기

자, 이제 여러분의 뉴스 이용 습관을 한번 돌아보세요. 정치나 경제 분야 기사는 접어 두더라도 연예 또는 사건 사고 기사를 볼 때에 '충격!', '단독'이라는 제목에 끌려 클릭한 적 있지 않나요? 저도 "○○○ 결국 사망"이라는 제목에 놀라 기사를 클릭하고서는 "뭐야, 드라마에서잖아."라고 푸념한 적이 많거든요. 실시간 검색어 순위를 따라 클릭하다 보면 예능 프로그램에서 "누가 출연해서 이런 말을 했다."라는 식의 기사가 대부분이지요. 기사

라고 하면서 사건에 대해 취재한 내용도 없이 "누리꾼들은 이렇게 말했다."라며 따옴표를 남발하기도 하고요. 누리꾼들의 의견에 대한 출처도 밝혀 주면 참 좋을 텐데요.

오늘부터 자신의 뉴스 이용 습관을 돌아보면 어떨까요? 무심코 지나쳤던 나의 뉴스 이용 습관과 직면하게 되면 놀라운 깨달음을 얻게 될지도 모릅니다. 특정 분야의 뉴스만 지나치게 많이 소비하지는 않는지, 무분별하게 자극적인 제목에 이끌려 클릭하는 건 아닌지, 포털의 실시간 검색어를 무조건 클릭해 보지는 않는지, 기사를 믿고 성급하게 결론을 내리지는 않는지, 기사는 읽지도 않고 댓글만 보지는 않는지, 댓글의 의견을 전체 대중의 의견이라고 생각하는 건 아닌지, 혹은 내 생각과 다른 의견이라고 무조건 무시한 건 아닌지, 익명성 뒤에 숨어 타인을 비난하는 댓글을 달지는 않는지 돌이켜보기 바랍니다.

국내외에서 댓글 조작 사건이 터지고, 학자들이 댓글이 의사 결정에 미치는 영향에 대한 연구까지 진행할 만큼 댓글의 영향력은 큽니다. 포털뿐만 아니라 소셜 미디어나 메신저를 통해 링크되는 기사 역시 우리를 유혹하지요. 그야말로 뉴스에 물고기처럼 낚이는 환경입니다,

뉴스를 볼 때 어느 언론사의 기사이고, 기사를 쓴 기자는 누구인지, 정보의 출처는 어디인지, 인터뷰에 응한 사람은 누구인지 꼭 확인해 보기 바랍니다. 포털이나 소셜 미디어, 또는 메신저를 통해 뉴스를 접하게 되는 경우 기사의 출처를 인지하지 못하는 경

우가 많습니다. 뉴스라고 보긴 했는데 어떤 언론사의 기사인지, 혹은 기자가 쓰긴 한 건지 제대로 기억을 못 하는 거지요. 소비자가 기사의 출처에 신경 쓰지 않는다면 결국 불량 식품이 만들어지기 마련입니다. 인터넷에서 가짜 뉴스가 쉽게 확산되는 원동력이 되기도 하고요. 또 멀쩡한 경제 기사인 줄 알았는데 사실은 기업의 후원을 받아서 쓴 기사형 광고인 경우도 많습니다.

주체적이고 현명한 뉴스 이용자가 신뢰할 수 있고 질 높은 뉴스를 만들고, 나아가 더 좋은 세상을 만듭니다. 뉴스는 정부와 기업을 비롯한 조직의 부패를 감시하고, 사회의 부조리를 고발하고, 약자의 권리를 보호하는 다양성을 위해 존재하기 때문입니다. 여러분이 뉴스 이용자로서 좋은 뉴스를 만들어 내고 더 나은 세상으로 나아가도록 만드는 주인공이 되어 주세요.

> (가) 시위 중상 60대, 운동권 출신으로 3차례 제적·3년 복역
>
> (나) 경찰, 쓰러진 농민에 계속 물대포 직사… 혼수상태

시위 현장에서 농민 한 사람이 물대포를 맞고 쓰러져 혼수상태에 빠진 일이 있었습니다. 해당 사건을 다룬 두 신문의 기사 제목입니다. 한 신문은 쓰러진 사람이 운동권 출신에 3차례 제적과 3년 복역을 했다는 점을 강조해 제목으로 뽑았습니다. 다른 신문은 경찰이 물대포를 쏘았고 혼수상태에 빠졌다는 것을 제목으로 뽑았고요.

> (A) ○○○, 풍력 발전기 생산 착수식
>
> (B) ○○○○ - △△△, 풍력 발전기 생산 상호 협력
>
> (C) ○○○, △△△와 '중기 상생' 바람 일으킨다

대기업 ○○○과 중소기업 △△△이 풍력 발전기를 생산하기 위해 협약을 맺고 생산 착수식을 했습니다. 이날 각기 다른 세 신문의 기사 제목입니다. (A)신문은 평이하게 생산 착수식을 제목으로 뽑았고, (B)신문은 대기업 ○○○이 중소기업과 상호 협력한다는 다소 긍정적인 제목을 달았습니다. (C)신문은 대기업 ○○○이 중

소기업과의 상생 바람을 일으킨다는 매우 긍정적인 제목을 뽑았습니다. 신문의 제목은 기사의 성격을 결정하는 하나의 프레임입니다. 동일한 사건인데 기사의 제목에 따라 다른 느낌으로 다가오지요? 왜 이렇게 다른 프레임으로 제목을 달았을까요? (가), (나)의 경우는 언론사의 이념적 성향 차이에서 비롯된 걸로 보입니다. (A), (B), (C)의 경우, 제목이 다르게 달린 이유는 무엇인지 짐작이 가나요? 뉴스의 본질은 무엇이고 프레임의 영향력은 어떠한지 아래 활동을 통해 생각해 보세요.

깨미주 ～～～～～～～～～～～～～～～～～～～～～～～～～～ **1**

철학자 알랭 드 보통은 『뉴스의 시대』라는 책을 썼습니다. 그는 인간이 호기심과 두려움 때문에 뉴스를 본다고 했습니다. 여러분이 생각하는 뉴스의 정의는 무엇이고, 왜 뉴스를 보나요? 여러분의 뉴스 이용 습관을 돌이켜보면서 답을 찾아보고, 친구들과도 토론해 보세요.

깨미주 ～～～～～～～～～～～～～～～～～～～～～～～～～～ **2**

뉴스의 프레임에 따라 다른 시각을 갖게 된 사례를 이야기해 보세요. "아, 이게 뉴스의 프레이밍 효과구나."라고 느낀 적이 있나요? 없다면 오늘 신문이나 방송, 인터넷에서 동일한 주제의 뉴스를 찾아 각각의 프레임을 비교하고 토론해 보세요.

깨미주 ~~~~~~~~~~~~~~~~~~~~~~~~~~~~~~~~~~~~ 3

청소년 신문이나 뉴스 매체가 필요하다고 생각하나요? 필요하다면 왜
그렇게 생각하는지, 아니라고 생각한다면 그 이유는 무엇인지 써 보세요.
그리고 청소년을 주 대상으로 하는 뉴스 매체를 만든다면 어떤 주제를
다루면 좋을지, 어떤 방식으로 만들지, 또 기사를 쓰는 주체는 누가 되면
좋을지 친구들과 토론해 보세요.

뉴스를 보는
플랫폼의 변화

엣날에는 소수의 신문사와 방송사만이 뉴스를 만들고 배포할 수 있었습니다. 수많은 인력과 고가의 장비가 필요했기 때문이지요. 뉴스가 참 귀한 시절이 있었어요. 아침이면 조간신문이 배달되길 기다리고, 신속한 뉴스를 들을 수 없던 시절에 방송사의 저녁 9시 종합 뉴스의 시청률은 인기 드라마보다 높았습니다. 하지만 지금은 상황이 많이 달라졌지요. 신문을 구독하는 가구도 현격하게 줄었고, 방송 뉴스를 제시간에 맞춰서 보는 일도 드물고, 잡지를 손에 든 건 언제였나 싶습니다. 그런데도 우리는 여전히 뉴스를 자주 보고 있습니다. 인터넷과 모바일 기술이 발전하면서 온라인과 스마트폰으로 언제 어디서든 뉴스를 볼 수 있으니까요. 여러분은 무엇으로 뉴스를 보나요?

세상의 길목 포털 뉴스

포털 사이트, 즉 '포털'은 영어로 관문 또는 입구를 의미합니다. 인터넷에서 다양한 웹사이트로 들어가는 관문이기 때문에 포털이라고 말합니다. 검색, 메일, 뉴스, 생활 정보, 동영상, 쇼핑을 비롯한 모든 웹 브라우징의 시작점인 거지요. 1994년 설립된 야후가 포털의 선두 주자였습니다. 수많은 사이트를 유형에 따라 정리해 놓고 주소를 링크해서 사용자들이 원하는 곳으로 연결해 주는 서비스를 했지요. 야후는 『걸리버 여행기』에 나오는 전설의 동물이라고 하는데, 지금은 경쟁에서 밀려나 그야말로 인터넷 업계의 전설이 된 거 같습니다.

현재 해외의 포털 검색 시장에서는 구글이 압도적인 우위를 차지하고 있습니다. 모든 길은 로마로 통한다고 했듯이 인터넷 세상에서 모든 길은 구글로 통하지요. 중국은 구글을 개방하지 않아 자국의 바이두가 1위고요. 특이하게도 이용자의 선택에 맡긴 나라 중에는 우리나라에서만 구글이 1위가 아닙니다. 놀라운 속도로 추격하고 있지만 여전히 네이버와 다음이 버티고 있습니다. 구글도 뚫지 못한 IT 강국 대한민국, 참 대단합니다. 그런데 구글이 소유한 유튜브가 급성장하면서 조만간 한국도 무너질 거라는 분석이 나오고 있긴 합니다.

포털이 모든 인터넷의 시작이라고 했습니다. 여러분이 뉴스를 보는 가장 보편적인 수단도 포털일 겁니다. 포털의 전략은 가능한 한 오랜 시간 동안 이용자들을 자사의 사이트 안에 머무르게 하는 것입니다. 양식장을 넓혀서 많은 물고기를 가둬 키우려는 거지요. 포털 이용자들은 다양한 목적으로 포털에 접속해서 결국 어떤 뉴스든 클릭하게 마련입니다. 포털이 뉴스로 직접적인 수입을 올린다고 말하기는 어렵지만, 뉴스는 가장 좋은 미끼 상품인 셈입니다. 뉴스만큼 빠른 시간 안에 새로운 상품을 만들어 내는 영역은 없습니다. 실시간 검색어 순위가 매 순간 바뀔 만큼 새로운 뉴스가 연이어 쏟아져 나오지요. 포털에 들어가면 눈길을 끄는 기사 제목이 보일 거예요. 잠깐 뉴스 하나 클릭했다가 꼬리에 꼬리를 물고 클릭하며 포털에 머물게 되지 않나요?

알고리즘이 결정하는 포털의 뉴스 배치

포털에서는 뉴스를 어떻게 골라서 보여 줄까요? 포털은 어떤 기준으로 첫 화면에 띄울 뉴스를 선정할까요? 사람들이 많이 본 뉴스가 가장 중요한 뉴스일까요? 댓글이 많이 달린 기사가 가장 논쟁적인 뉴스일까요? 뉴스 랭킹은 어떻게 집계되는 것이고, 또 얼마나 자주 업데이트될까요? 댓글 게시판은 어떻게 운영될까요?

지금 우리가 보는 포털의 뉴스 배치는 인공지능 알고리즘이 결정합니다. 기본적인 작동 원리를 이해한다면 여러분이 선택하는 뉴스가 어떤 방식으로 추천되었는지 알 수 있을 겁니다. 눈여겨보지 않았겠지만 포털에는 기사 배열에 대한 원칙과 알고리즘 작동

원리가 안내되어 있습니다. 참고로 네이버의 경우 뉴스 서비스 안내 사이트에서 기사 배열 원칙, 뉴스 인공지능 알고리즘, 댓글 게시판 운영 정책, 랭킹 뉴스 집계 방식을 공개하고 있습니다. 다음에서도 다음 뉴스 서비스 원칙에서 뉴스 배치의 기준과 사용자별 맞춤형 추천 시스템에 대해 설명하고 있으니 한 번쯤 들어가 살펴보아도 좋겠습니다.

주체적으로 포털 뉴스 소비하는 법

포털이 추천해 주는 뉴스, 사람들이 많이 보는 뉴스의 함정에 빠지지 않는 방법을 소개합니다. 포털이 가진 장점 중 하나는 다양한 언론사의 기사를 모아서 제공한다는 것입니다. 종합 일간지와 경제지, 전문지 등 여러 언론사의 1면 머리기사의 헤드라인과 옆에 달린 사진을 훑어보면 현재 가장 중요한 뉴스가 무엇인지 대강 알 수 있습니다.

또 같은 사안을 1면 머리기사로 다룬 언론사들이 여럿 있을 때, 흥미롭게도 논조가 각기 다릅니다. 예를 들어 볼게요. 2018년 4월 27일에 역사적인 남북 정상 회담이 열렸습니다. 2007년 이후 11년 만이었고 평양이 아닌 판문점 남측에서 진행되었지요. 다음 날 조간신문은 모두 정상 회담을 1면 머리기사로 실었습니다. 제목을 비교해 볼까요?

"'더 이상 전쟁은 없다', 판문점 선언", "핵 없는 한반도, 동행이 시작됐다", "'전쟁은 없다' 완전한 비핵화 선언"과 같이 진보 신문사들은 매우 긍정적으로 헤드라인을 뽑았습니다. 반면, "'완전한 비핵화', 문 열다", "완전한 비핵화, 한 발 내딛다"와 같이 정상 회담 결과에 대해 좀 더 보수적인 느낌의 헤드라인을 뽑은 언론사도 있었고요. 가장 보수적 논조를 펴는 신문사는 "한반도 '완전한 비핵화' 운은 뗐다"라며 정상 회담의 의미를 축소하는 뉘앙스의 제목을 달아 대조적이었습니다. 1면의 사진 역시 어떤 글보다 강한 메시지를 전하는데, 한 신문사는 이례적으로 1면 전체를 사진 한 장으로 채웠습니다. 두 정상이 환하게 웃으며 손잡고 걷는 장면을 사진으로 실었는데, 아마 신문 역사에 오래 남을 사진이 될 거 같아요.

포털 뉴스의 또 다른 특징은 본인이 원하는 언론사를 직접 골라서 뉴스 화면을 구성할 수 있다는 점입니다. 막연히 포털의 알고리즘이 추천해 주는 대로 뉴스를 클릭하는 것이 아니라 내가 주체적으로 읽고 싶은 언론사를 선정해 뉴스를 보는 거지요. 포털에서는 수동적, 습관적, 무비판적으로 뉴스 소비에 빠지기 십상입니다. 자극적 제목에 낚여서 클릭을 하거나 실시간 검색 랭킹이나 추천에 내몰리다 보면, 뉴스를 보는 주체가 아니라 포털의 알고리즘과 상업주의에 휘말리는 희생양이 되는 겁니다. 포털에서의 주체적 뉴스 소비 습관은 여러분이 고품격 뉴스 소비자로 성장하도록 도와줄 거예요.

소셜 미디어와 메신저, 뉴스 확산의 나팔수

여러분은 소셜 미디어와 메신저를 통해서도 뉴스를 많이 볼 거예요. 요즘 새로운 뉴스 창구로 떠오른 유튜브와 더불어 메신저로도 뉴스를 접하고 있지요. 포털 뉴스처럼 소셜 미디어에서도 알고리즘이 상위에 노출되는 기사를 결정합니다. 보통 '좋아요' 숫자가 많을수록, 내가 자주 클릭한 사람의 글일수록 나와 관련성이 높다는 이유로 먼저 띄웁니다.

그렇다면 포털에서 뉴스 보기와 소셜 미디어에서 뉴스 보기의 가장 큰 차이점은 뭘까요? 소셜 미디어에서는 누군가 올린 뉴스에 쉽게 '공유하기'나 '좋아요'를 누르게 되지요. 그야말로 뉴스 확산의 나팔수 역할을 하는 겁니다.

앞에서 기존의 뉴스 미디어가 대중에게 가장 중요한 의제를 형성한다고 했지요? 최근에는 바로 소셜 미디어가 의제 형성의 역할을 합니다. 이용자 수가 많고 확산 속도가 빠르다 보니 영향력이 커진 거지요. 기존의 신문이나 방송에서 보도한 뉴스가 소셜 미디어를 통해 확산되면서 더욱더 중요한 의제가 되기도 합니다. 반대로 소셜 미디어에서 쟁점이 되면 이 사건을 신문과 방송에서 다루기도 하지요. 이렇게 보면 소셜 미디어가 뉴스 확산의 나팔수 역할에 그치는 게 아니라 뉴스를 만들어 내는 진원지라고도 할 수 있습니다. 특히 여러 가지 사회적 이슈에 대해 함께 연대하고 의견을 밝혀 나가는 중요한 수단이 되고 있습니다.

소셜 미디어는 또한 기존 뉴스 미디어가 주목하지 않았던 우리

생활과 밀접한, 조금은 사소하다 느낄 수 있는 부분 역시 공론화하는 역할을 하고 있지요. 여러분도 누군가가 공유해 준 소셜 미디어 이슈를 친구들과 공유해 본 적이 있지요? 예컨대 어떤 식당의 불친절한 대응이라든지, 지역의 사건 사고에 대한 정보 등을 전달해 보았을 거예요.

문제는 어떤 뉴스든 소셜 미디어를 타고 거침없이 퍼져 나간다는 점입니다. 포털에서는 뉴스제휴평가위원회에서 선정한 공인된 언론사의 기사만 게시가 가능하지만 소셜 미디어에서는 그렇지 않습니다. 그 어떤 포스팅이나 기사도 올릴 수 있습니다. 가짜 뉴스가 걸러지지 않는 거지요.

날이 갈수록 소셜 미디어, 특히 메신저를 통해 가짜 뉴스와 같은 허위 정보가 확산되어 문제가 되고 있습니다. 소셜 미디어와 메신저를 이용하는 비율이 압도적으로 높은 십 대들은 검증되지 않은 허위 정보에 노출될 우려가 큽니다. 반드시 내용의 출처를 확인하고 검색해 보는 습관을 들여야 하는 이유입니다. 실제로 소셜 미디어에서는 사실에 근거한 정보보다 개인의 의견이나 주장이 더 많이 공유됩니다. 우리가 주목해야 할 부분이지요. 가장 많이 공유되는 메시지는 극적이거나 분노를 일으킬 만한 것인 반면, 균형적이고 사실에 입각한 정보는 오히려 덜 공유되기 때문입니다. 소셜 미디어를 잘못 이용하면 얼마나 위험한 오류를 범할 수 있는지 다시 한번 생각해 보기 바랍니다.

세상을 다 볼 수 있는 문, 종이 신문 뉴스

온 세상을 다 볼 수 있는 문은 무엇일까요? 초등학생용 수수께끼 책에 나온 문제인데, 정답은 '신문'입니다. "신문 없는 정부와 정부 없는 신문 중 하나를 골라야 한다면 나는 조금도 주저하지 않고 '정부 없는 신문'을 선택하겠다." 미국 독립 선언서의 기초 작성자이자 건국의 아버지 중 한 사람으로 꼽히는 미국 3대 대통령 토머스 제퍼슨이 한 이야기입니다.

하지만 온 세상을 다 볼 수 있다는데도 요즘엔 신문을 펼쳐 든 사람을 찾아보기 힘듭니다. 이 책을 읽고 있는 청소년들도 아마 종이 신문을 읽지는 않을 것 같습니다. 종이 신문을 통해 뉴스를 보는 비율은 현격히 줄어들었지만, 우리가 인터넷이나 소셜 미디어 등에서 접하는 뉴스는 신문사에서 만들어 낸 기사가 대부분입니다. 한국언론진흥재단의 조사에 따르면 우리나라 성인 열 명 중 아홉 명은 어떤 경로를 통해서든 신문사가 생산한 뉴스 콘텐츠를 읽는 것으로 조사됐습니다. 종이 신문이 아닐 뿐이지 PC나 태블릿, 스마트폰을 통해 신문 기사를 읽는 비율은 높습니다. 어떤 수단을 통해 읽게 되든 뉴스는 결국 신문사 기자들이 취재해서 쓴 기사라는 거지요.

비록 독자들의 손에서 멀어졌지만, 의외로 종이 신문을 보는 재미도 쏠쏠합니다. 앞서 사건에 대한 프레이밍의 중요성을 이야기했지요. 신문을 펼쳐 들고 1면부터 기사의 제목과 사진만 보면서 끝까지 넘겨 보세요. 세상에 어떤 일이 벌어지고 있는지, 신문사가 어떤 일을 더 우선시하고 있는지, 어떤 입장을 가지고 있는지 신문 기사의 배치와 제목만 보고도 알 수 있습니다. 모든 면의 기사를 다 읽기는 어렵고 또 굳이 그럴 필요도 없습니다. 전체 지면의 기사 제목과 사진을 보고 나서 관심이 가는 기사는 다시 넘겨서 읽어 보면 좋습니다.

신문 사설과 칼럼은 훌륭한 글쓰기 교재

사설과 칼럼은 주로 신문의 뒤쪽에 배치되는데, 이게 신문의 핵심이 아닐까 생각합니다. 신문은 많은 사건에 대해 육하원칙에 입각해 스트레이트 기사로 다루고, 그중에서도 가장 중요한 사안에 대해 사설과 칼럼에서 신문사 내외부 필진이 해설을 합니다. 사설과 칼럼은 실제로 논술 대비용 교재로 쓰이고 있습니다. 저도 대학 시절에 기자 시험을 대비하면서 주요 신문들의 사설과 칼럼을 정독했고 아직도 그렇게 하고 있습니다. 논리력과 글쓰기 역량을 키우는 최고의 교재인 거지요. 해당 사안에 대해 사설과 칼럼을 읽어 본 뒤 그 주제에 대해 글을 써 본다면, 그야말로 사고력과 문장력을 키우는 최상의 공부법이 될 겁니다.

'사설 속으로', 보수-진보지의 아름다운 실험

〈한겨레신문〉과 〈중앙일보〉가 흥미로운 실험을 했습니다. 정치적으로 진보지로 알려진 〈한겨레신문〉과 보수적인 〈중앙일보〉가

공동 기획으로 두 신문의 사설을 골라 외부 필진이 이를 분석하는 칼럼을 연재했습니다. '사설 속으로'라는 제목으로 두 신문사가 같은 내용의 글을 실었는데, 목적 자체가 중고교생 독자들의 사고력 확장에 도움이 되도록 비교 분석하겠다는 거였습니다. 건강한 토론 문화를 뿌리내리고, 청소년에게 균형 잡힌 시각을 길러 주기 위해서라고 밝혔지요. 같은 사안에 대한 두 신문의 해당 사설을 싣고, 주제의 의미와 문제 접근의 시각 차이, 시각차가 나온 배경을 분석해서 제시하는 방식이었습니다. 2013년 5월 21일, 정년 연장에 대해 두 신문사의 사설 비교 분석으로 시작해서 매주 한 차례씩 꾸준히 했던 실험은 2018년 8월까지 5년 이상 이어지며 독자들의 많은 사랑을 받았습니다.

세상을 보는 다른 시각을 지닌 두 신문사의 사설을 비교 분석해 보면서 무차별적으로 쏟아지는 정보 홍수의 시대에 세상을 보는 바르고 균형 잡힌 시각을 갖출 수 있었다는 평가를 받았습니다. 이제는 여러분이 직접 혼자 또는 친구들과 함께 서로 다른 논조의 신문사 사설들을 읽고 나서 비교 분석해 본다면 많은 도움이 될 거예요. 공부하기도 버거운데 무슨 신문을 보냐고요? 〈중앙일보〉에 실린 고3 학생의 글을 옮겨 보겠습니다. 이 학생의 학교에서는 수업 시간에 신문 활용 교육(NIE: Newspaper In Education)의 일환으로 '사설 속으로'를 채택했습니다.

'사설 속으로'가 다룬 여러 주제 가운데 '알파고'가 기억에 남습니다. '인공지능과 미래 사회'에 대해 중앙일보와 한겨레는 서로 다른 접근을 했습니다. 중앙은 "산업과 사회, 문화를 아우르는 장기적이고 종합적인 계획이 필요하다."고 했고, 한겨레는 "인공지능 분야의 경쟁력을 기술만이 아닌 인문학, 공학, 의학 분야까지 확장해야 한다."고 강조했습니다. 사설과 아울러 양사 사설을 설명하는 글을 읽다 보니 인공지능 토론회에 참석한 기분이 들었습니다. 한겨레 사설을 읽을 때는 그 입장이 이해가 가다가도 중앙 사설을 읽다 보면 또 반대 입장이 되기도 했습니다. (……) 이런 재미를 친구들에게 알려 주고 싶었습니다. 때마침 수행 과제가 있어 파워포인트로 재구성해 봤습니다. 만들 때 힘은 들었지만 생각이 확장되는 걸 경험했습니다. 논제를 뽑고 반론을 준비하는 연습도 됐습니다. 또 서로 다른 관점을 객관적으로 살펴보는 눈도 생겼습니다. 시간이 없다는 이유로, 공부하느라 바빠서 한동안 여러 핑계를 대며 신문 읽기를 게을리했습니다. 하지만 '사설 속으로'로 수업을 하면서 학교에서 하는 모든 공부가 신문 안에 있다는 걸 알게 됐습니다. 세상을 넓게 보는 경험을 한 셈입니다. (무학여고 3년 김혜수, 중앙일보, 2018. 8. 28)

방송사의 얼굴, 텔레비전 뉴스

방송의 영향력은 대단합니다. 그만큼 보는 사람이 많기 때문이지요. 방송에서 친근한 이미지와 대중적인 인기를 얻은 배우들이나 낯익은 방송 기자들이 국회의원에 당선되는 일도 많습니다. 드라마와 예능, 시사 교양 등 다양한 프로그램들이 있지만 역시 텔레비전 방송의 영향력을 이야기할 때 뉴스를 빠뜨릴 수는 없지요. 텔레비전 뉴스는 편하게 보고 듣는 장점을 이용해 가장 쉽게 대중적으로 뉴스를 전달합니다.

뉴스를 보다 보면 낮에 일어났던 사건도 그날 저녁에 신속하게 방송되는 것에 놀라워할 때가 있습니다. 방송 뉴스는 어떤 과정을 거쳐 만들어질까요? 방송 뉴스가 신문 기사와 다른 점은 바로 영상이겠지요. 흔히 방송사에서는 취재 기자에게 "그림이 있느냐?"라고 묻는데, 생동감 있는 현장 영상 없이는 방송 뉴스를 제작하는 것이 어렵기 때문입니다. 방송 뉴스는 영상이 필요하기 때문에 신문 기사보다 몇 단계의 과정이 더 필요합니다. 기사 아이템이 정해지면 짧은 인터뷰라도 진행하기 위해 미리 섭외를 해야 합니다. 신문과 달리 직접 얼굴을 드러내기 때문에 인터뷰를 하는 당사자의 동의를 받아야겠지요.

취재 기자가 인터뷰를 하고 현장 취재를 할 때 촬영 기자는 모든 것을 영상으로 남깁니다. 편집실로 돌아와서는 촬영된 영상을 점검하고 인터뷰 내용을 정리하지요. 그런 다음 컴퓨터 그래픽과 자막을 의뢰하고, 기사를 작성해서 뉴스 멘트를 녹음하고 거기에

화면을 편집해서 입히는 과정을 거칩니다. 이렇게 하나의 방송 뉴스를 만들기 위해서는 여러 전문가의 협업이 필요합니다.

방송 채널별로 뉴스 형식에는 큰 차이가 없습니다. 앵커가 있고, 기자가 취재한 개별 뉴스를 순서대로 소개하며 이어 가는 구성입니다. 신문의 1면과 마찬가지로 가장 중요한 뉴스를 앞 시간대에 배치하고 있고요. 1분 20초 내외로 기사를 요약하고 취재 기자가 시작이나 중간 또는 마지막 장면에 등장하는 방식이 오랫동안 방송 뉴스의 전형적인 틀이었습니다. 해외에서는 하나의 사건에 대해 기자 한 사람이 5분이 넘도록 보도하고, 또 다른 기자가 이어서 해당 사건에 대해 추가 뉴스를 전달하기도 합니다. 최근 국내에서도 특정 사안과 관련된 핵심 인물을 스튜디오로 초대해 인터뷰를 길게 나누거나 1분 20초를 넘어서는 기사도 자주 내보내는 등 방송 뉴스 형식도 다양하게 변화되고 있습니다. 방송 뉴스 채널이 늘어나면서 시작된 경쟁의 긍정적 결과로도 보입니다.

방송 뉴스 눈여겨보는 법

방송 뉴스에서 일반적으로 취재원은 인터뷰를 하게 됩니다. 전화로 인터뷰를 하는 경우도 있지만, 사실감을 높이기 위해 주로 사건의 관련자를 찾아서 직접 인터뷰를 하고 영상으로 전합니다. 이때 어떤 사람을 인터뷰했는지 눈여겨봐야 합니다. 갈등 상황에서 양측의 목소리를 담았는지, 해당 사안에 대해 책임 있는 사람인지, 제대로 된 전문가인지, 아무런 이해관계가 없는 사람인지 확인할 필요가 있습니다. 드물기는 하지만 영상이나 인터뷰 조작 사건이 터지기도 합니다.

뉴스 보도의 핵심은 단연 정보원, 즉 취재원입니다. 취재할 때 정보를 어디에서 얻었는지를 의미하니까요. 정보의 출처는 책이나 보고서 또는 다른 물증일 수도 있지만 대체로 사건과 관련된 사람이 되겠지요. 기자 개인의 시각이 아닌 팩트에 기반하여 취재했음을 입증하기 위한 시스템입니다. 따라서 진실 보도를 위해 기자는 취재원을 밝혀야 합니다. 문제는 취재원이 정보를 제공하면서 신분을 밝히지 않고 익명으로 처리해 주길 원하는 경우입니다. 취재원의 안전이 위협받거나 취재원이 부당하게 불이익을 받을 위험이 있기 때문이지요. 그러니까 취재원이 전해 준 정보가 없이는 뉴스를 만들 수 없는데, 또 한편으로는 취재원을 보호해야 하는 딜레마에 빠지게 됩니다. 그럼에도 원칙적으로 기자는 취재원이나 출처를 가능한 한 밝혀야 합니다.

앞서 미디어의 프레이밍 효과에서 언급했듯이 뉴스 화면이 무엇을 보여 주는가도 중요합니다. 정해진 틀 안의 화면은 특정 부분만 강조해서 보여 주거나 전체에서 더 중요한 어느 부분을 배제하기도 합니다. 직접 촬영하지 않고 자료 화면을 쓰는 경우, 이 역시 출처가 어디인지 눈여겨봐야 합니다. 요즘은 기존의 방송 채널뿐만 아니라 인터넷 공간에서도 영상으로 제작된 뉴스를 접할 수 있습니다. 이제는 신문사에서도 영상 뉴스를 온라인으로 제공하고, 유튜브에서도 다양한 개인 뉴스 채널들을 접하게 됩니다. 출처와 취재원에 주의를 기울이면서 동일한 사건에 대해 각기 다른 방송 뉴스들이 어떤 영상을 썼고 무엇을 강조하는지 비교해 보는 것도 흥미로운 공부 거리입니다. 활자보다는 영상을 선호하는 시대에 영상으로 제작된 뉴스는 더욱 확대되리라 생각됩니다.

"△△△ 뉴스 ○○○ 기잡니다."

여러분이 방송 뉴스를 만든다면 어떤 형식으로 만들고 싶은가요? 직접 뉴스를 만들어서 마지막에 "△△△ 뉴스 ○○○ 기잡니다."라는 멘트를 날려 보세요. 스마트폰으로 영상을 찍고 편집하는 건 누구보다 익숙할 테니 내용이나 형식 면에서 정말 새롭고 멋진 뉴스가 나올 거 같습니다. 기존 방송사에서 다루지 않는, 여러분에게 필요한 뉴스로 목소리를 내 보세요. 이제 값비싼 방송 장비가 없어도 누구나 영상 뉴스를 제작할 수 있습니다. 실제로 유럽의 한 방송사에서는 고가의 방송용 카메라와 카메라 기자를 없애고 취재 기자가 직접 스마트폰으로 촬영하고 셀카봉을 이용해서 멘트하는 자기 모습을 찍고 있습니다. 여러분이 제작한 영상 뉴스를 기대해 봅니다. 새로운 방송 뉴스의 역사를 열어 보세요!

뉴스타파 데이터 팀은 '한국광고자율심의기구'에서 공개한 2019년 상반기 '기사형 광고 심의 결정' 자료를 전수 분석했다. 뉴스타파 집계 결과 2019년 1월부터 6월까지 6개월 동안 주의, 경고 등 편집 기준 규정 위반 결정을 받은 기사형 광고는 모두 3189건으로 나타났다. 주요 일간지와 경제 신문들이 대부분 상위권을 차지했다. '기사형 광고' 광고주를 업종별로 살펴보면 아파트, 오피스텔 분양 안내 등 건설사의 광고형 기사가 934건(29퍼센트)으로 가장 많았다. 유산균 등 건강 기능 식품을 포함한 식품, 음료업계가 529건(17퍼센트)으로 2위, 대규모 세일 행사 등을 광고한 유통업계가 236건(7퍼센트)으로 3위, 그리고 금융업과 병원 등이 뒤를 이었다. 기사를 가장한 광고는 '진짜 기사'의 신뢰를 떨어뜨린다. 결국 언론 전반에 대한 독자들의 불신으로 이어질 수밖에 없다. 한국광고자율심의기구 관계자도 "신문 매체 신뢰도가 점점 더 떨어지는 것 같아 안타깝다."고 말했다. (뉴스타파, 2019.10.17)

언론사의 주 수입원은 광고입니다. 뉴스를 만드는 신문사나 방송사뿐만 아니라 뉴스를 유통시키는 수많은 온라인 플랫폼도 광고로 대부분의 수입을 거두고 있지요. 경쟁이 과열되다 보니 각종 편법·불법 광고가 기승을 부리게 되고, 그로 인해 뉴스의 신뢰도도 떨어지고 있습니다. 신문에서의 기사형 광고뿐만 아니라 방송에서도 유사한 형식의 프로그램이 보입니다. 예를 들어 맛집 소개도 기사형 광고처럼 홍보 성격을 띠지요. 온라인 동영상에서 특정 상품에 대한 정보를 준다면 이용 후기를 올릴 때도 문제가 되기도 하고요. 여러분은 주로 뉴스를 어디에서 보나요? 어떤 뉴스를 좋아하고 공유하나요? 어떤 매체의 뉴스를 더 신뢰하나요? 뉴스를 보면서 마주치는 광고에 대한 생각은 어떤가요?

깨미주 ～～～～～～～～～～～～～～～ 1

포털, 소셜 미디어나 메신저에서 뉴스를 클릭할 때의 기준은 무엇인가요? 그리고 뉴스를 공유할 때의 기준은 무엇인지도 생각해 보고, 다른 친구들은 어떤지 서로 비교하며 토론해 보세요.

깨미주 ～～～～～～～～～～～～～～～ 2

종이 신문을 찾아서 기사를 훑어보세요. 광고주가 명기된 '기사형 광고'(advertorial)와 일반 기사를 비교해 보세요. 그리고 일반 기사인데 광고주로부터 돈을 받고 쓴 기사로 의심되는 기사도 찾아보세요. 전체적으로 신문에 광고를 낸 기업이나 단체, 개인은 누구인지도 분석해 보기 바랍니다.

직접 영상 뉴스를 만들어 보세요. 평소 궁금했거나 최근 문제가 된 사건이
있다면 기사를 쓰고 스마트폰으로 촬영, 편집해서 친구들과 부모님께도
보여 주세요. 혼자서도 촬영할 수 있지만 친구들과 같이 만들어 보면 더
흥미롭겠네요. 어떤 주제로 영상 뉴스를 만들 것인지 콘티를 대략 짜
보세요.

5장

인공지능과
미디어의 만남

인공지능,
미디어 속으로

대한민국 바둑의 전설인 이세돌 9단이 인공지능 '알파고'와의 바둑 대국에서 패배하던 순간, 기억하나요? 2016년 3월의 일입니다. 다음 해에 알파고는 중국 바둑 랭킹 1위 커제 9단을 또다시 격파합니다. 그 뒤 중국의 바둑 9단 다섯 명이 팀이 되어 알파고와 붙었지만 역시 패배합니다. 인간이 기계에 지다니! 인간의 패배에 비통함을 감추지 못하던 사람들의 모습이 또렷이 기억납니다. 사실 인공지능에 인간이 진 것은 바둑이 처음이 아니지요. 1997년에 체스 챔피언 가리 카스파로브와 IBM이 만든 인공지능 '딥 블루'와의 대결에서도 인공지능이 이겼어요. 알파고에 패했을 때 사람들은 20년 전의 충격을 다시 겪었습니다. 미국의 유명 퀴즈 프로그램 〈제퍼디!〉의 사례도 있네요. 2011년 4월, IBM이 개발한 인공지능 '왓슨'은 〈제퍼디!〉에 출연해 역대 퀴즈 챔피언 두 사람을 가볍게 물리칩니다. 국내에서도 2016년 텔레비전 프로그램 〈장학퀴즈〉에 한국전자통신연구원(ETRI)이 개발한 인공지능 '엑소브레인'이 출연해 수능 만점자와 역대 장학퀴즈 우승자들을 제치고 승리했습니다. 인공지능이 퀴즈, 체스, 바둑에 이어 또 어떤 경쟁에서 인간을 물리치게 될까요?

영화 속 인공지능은 실현되었을까?

인공지능(AI)은 인간의 지능으로 가능한 학습을 컴퓨터가 모방할 수 있도록 하는 것을 의미합니다. 하지만 인공지능은 자신이 뭘 하고 있는지 스스로 알지는 못합니다. 다만 사람이 정해 놓은 규칙인 알고리즘에 따라 명령을 수행할 뿐입니다. 그래서 '약한 인공지능'이라고 칭합니다. 인간과 같이 스스로 자아를 가지고 주체적으로 생각하고 판단하는 수준을 '강한 인공지능'이라고 하지만 아직은 그 단계에 이르지 못했습니다.

영화에서는 하나같이 강한 인공지능의 모습을 그려 내지요. 인공지능과 사랑에 빠진 사람을 그린 〈허〉(Her), 감정을 지니고 인간이 되고 싶어 하는 로봇을 다룬 〈바이센테니얼 맨〉, 인공지능 로봇이 정해진 규칙만을 따르지 않고 반란을 일으키는 〈아이, 로봇〉 등이 그러합니다. 마블 스튜디오에서 만든 슈퍼히어로 영화인 '어벤져스' 시리즈 중 〈에이지 오브 울트론〉에도 인공지능이 등장합니다. 아이언맨이 지구를 지키기 위해 만든 최강의 인공지능 울트론이 예상과 다르게 지배를 벗어나 오히려 인류의 평화를 위협하면서 어벤져스 멤버들이 뭉치게 되지요. 언제쯤 강한 인공지능이 우리 생활 속으로 들어오게 될지, 그렇다면 어떤 일들이 벌어질지 궁금해집니다.

이 책에서 인공지능 발전이 어디까지 갈 수 있느냐를 논쟁하려는 것은 아닙니다. 여기서는 현재까지 개발된 인공지능이 미디어

와 만나 어떤 변화가 일어나고 있는지를 이야기하려 합니다. 인터넷과 소셜 미디어에서 뉴스와 동영상 프로그램을 소비하는 것은 우리의 일상이 되었습니다. 인터넷의 발달은 전문 블로거와 온라인 뉴스 사이트의 확산을 이끌었고, 이제는 일반 대중들도 뉴스와 콘텐츠를 직접 제작해서 온라인에 올립니다. 최근 미디어 산업에서 주목할 점은 인공지능 알고리즘의 등장입니다.

로봇 기자의 등장

로봇이 기사도 쓸 수 있을까요? 예상하셨듯이 답은 '그렇다'입니다. 캐나다의 경제 뉴스 및 금융 정보 제공업체인 톰슨 파이낸셜은 2006년에 신속한 정보 전달을 위해 일부 기사를 컴퓨터로 자동 생성했습니다. 기업의 수익과 관련된 기사를 자동으로 생성해 독자들에게 전달하는 데 걸린 시간은 불과 0.3초였고요. 미국의 AP통신은 매 분기 3000여 개의 금융 뉴스를 인공지능 프로그램으로 작성하고 있습니다. 직접 기자가 쓸 때와 비교하면 10배 이상 증가한 수치라고 하네요. 미국의 경제 잡지 〈포브스〉는 주요 기업의 실적 발표 전에 알고리즘을 활용해 그간의 데이터를 통한 실적 예측 기사를 내보냅니다. 미국의 신문 〈LA타임스〉는 알고리즘을 활용하여 로스앤젤레스(LA) 지역에서 발생한 지진 소식을 3분도 안 되어 자동으로 작성해 전달하기도 했습니다.

국내에서도 알고리즘이 자동으로 기사를 작성하는 사례가 늘고 있습니다. 온라인 IT 전문 미디어 〈테크홀릭〉은 기존 기사들의 조회 수와 다양한 지표를 기준으로 매주 핫이슈를 선정한 뒤 알고리즘을 활용해 자동으로 새롭게 기사를 만들어 제공합니다. 〈파이낸셜뉴스〉는 매일 주식 시장 보도를, 연합뉴스는 한국 선수가 소속된 해외 프로 스포츠 팀의 경기 결과 기사를 알고리즘에 맡기고 있습니다. 2018년 평창 동계 올림픽 때도 연합뉴스는 기존 미디어에서 소홀히 다룬 비인기 종목의 기사를 알고리즘으로 작성하기도 했습니다.

로봇 기자는 기사를 얼마나 잘 쓸까?

알고리즘이 작성한 기사의 수준은 어느 정도일까요? 저는 알고리즘 로봇과 기자가 쓴 기사를 비교하는 실험 연구를 했습니다. 실험에 참여한 일반인과 기자들은 기사를 누가 썼는지 맞히지 못했습니다. 그뿐만 아니라 로봇이 쓴 기사가 오히려 더 잘 읽히고 명확하고 신뢰할 만하다는 평가를 내리기도 했습니다. 유사한 연구가 해외에서도 진행되었는데 역시 응답자들은 두 기사의 차이를 구별해 내지 못했습니다. 지금까지 인간 기자의 개입 없이 알고리즘이 작성한 기사는 대체로 금융과 스포츠 기사입니다. 정해진 포맷이 있고, 자동으로 데이터를 불러들여 기사로 작성하는 거지요. 수많은 기존 뉴스의 패턴을 분석해 추출한 뉴스 형식에다 수집한 데이터를 분석해 입력하는 원칙에 기반합니다.

반복되는 기사 형식에 데이터가 기본이 되는 기사 정도는 가능하겠지만 심층 취재를 로봇에게 시킬 수는 없겠지요. 하지만 금융과 스포츠 기사만으로도 놀라운 변화가 예상됩니다. 앞서 말한 동계 올림픽 기사의 경우, 제한된 보도 인력으로 전 종목의 모든 경기를 취재하고 기사로 쓰는 건 불가능했기 때문에 비인기 종목에 대해 기사를 작성한 로봇 기자의 활약이 더욱 빛났지요. 미국에서도 메이저 리그뿐만 아니라 마이너 리그, 대학이나 고교 팀의 경기를 알고리즘으로 기사를 써내고 있습니다. 그리고 내가 응원하는 팀이나 선수가 주인공인 개별화된 뉴스만 받아 볼 수도 있겠지요. 알고리즘에 특정 팀이나 선수에게 가중치를 줘서 작성하도록 하는 방법입니다. 같은 방식으로 주식 뉴스도 내가 보유한 주식에 대한 뉴스만을 받아 볼 수가 있는 거지요. 좋아하는 연예인이나 스포츠 스타의 뉴스를 맞춤형으로 전달해 주는 서비스가 생길 수도 있겠네요.

기사 선택과 배열도 로봇의 몫

알고리즘은 기사 작성뿐만 아니라 기사의 선택과 배열에도 이용되고 있습니다. 영국의 신문 〈가디언〉은 알고리즘이 한 주 동안 가장 인기 있는 기사들을 선정하고 조합해서 주간 인쇄판 신문을 찍어 냅니다. 구글이나 네이버, 다음과 같은 검색 엔진들도 어떤 뉴스를 선택하고 더 상단에 위치하게 할지를 알고리즘으로 결정합니다. 왜 이 뉴스가 상위에 오르는 걸까 생각해 본 적은 없나요? 알고리즘은 '뉴스를 어떻게 더 쉽고 빠르게 만들 수 있을까?'에 대한 답인 동시에, '어떤 뉴스를 더 잘 보이게 하고 더 이용하게 할까?'에 대한 답이기도 합니다.

그렇다면 알고리즘은 어떤 기준으로 뉴스를 선택하고 위치를 결정할까요? 사람들이 많이 본 뉴스, 그리고 내가 관심 있게 자주 보는 분야의 뉴스라고 예상은 하지만, 문제는 어떤 기준으로 알고리즘이 작동하는지는 공개되지 않아 명확히 알 수가 없다는 거지요. 분명한 건 알고리즘 로봇이 기사를 작성하고, 제목도 뽑고, 어떤 기사를 보여 줄지 선택하고, 추천하고, 배열까지 한다는 겁니다.

로봇은 저널리즘의 세계에 이미 깊게 침투해 있습니다. 2020년 5월 마이크로소프트는 자사의 포털 뉴스 편집을 인공지능에 맡기면서 기자 50명을 해고했습니다. 그동안 언론사들이 제공한 뉴스의 우선순위를 결정하고 기사 제목과 사진을 선정하던 기자의 역할을 이제 인공지능이 담당하게 됐습니다. 일자리를 잃은 한 기자는 폭력적이거나 부적절한 콘텐츠를 판단하는 작업을 인공지능에 맡기는 것은 위험한 결정이라며 푸념했습니다. 실제로 페이스북의 스팸 감지 인공지능의 오류로 유명 언론사들의 코로나19 관련 기사들을 걸러 내 버리는 사건도 발생했지요. 인공지능의 뉴스 선별과 편집이 앞으로 어떤 방향으로 흐르게 될지는 두고 봐야겠지만, 인공지능의 활용은 가속화할 것으로 보입니다.

이제 뉴스도 채팅으로 듣는다! 챗봇의 등장

로봇의 진화와 더불어 카카오톡과 같은 메신저의 확산에 주목해야 할 필요가 있습니다. 메신저의 월 이용자 수가 페이스북을 포함한 소셜 네트워크를 넘어섰지요. 사람들은 이제 메신저로 모여 최대 플랫폼을 만들었습니다. 큰 장터가 열리면 온갖 상품과 서비스 거래로 북적이곤 하죠? 메신저도 마찬가지입니다. 사람들과 대화하고, 사진과 동영상을 올리고, 게임하고, 결제까지 하지요. 뉴스 사업자들도 메신저에 뛰어들어 묻고 답하는 대화형 뉴스를 도입했습니다. 일방적으로 설명하는 기사가 아니라 어떤 한 주제를 풀어 나가다가 독자가 궁금해할 만한 다음 질문을 던지고 또 그에 대한 답을 풀어 나가면서 궁금한 것에 대해 깊은 정보를 알 수 있는 거지요. 기자가 직접 메신저 대화형으로 기사를 만드는 거예요. 하지만 독자들의 모든 궁금증에 대해 기자가 일일이 답해 주기는 사실상 불가능하지요.

이 대목에서 '챗봇'이 등장합니다. 채팅을 하는 인공지능 로봇이죠. 채팅과 로봇에서 한 글자씩 따서 챗봇이라 부르고 있습니다. CNN과 〈워싱턴포스트〉 챗봇은 페이스북 메신저를, 경제 잡지 〈포브스〉 챗봇은 텔레그램 메신저를 통해 그날의 주요 뉴스를 보내 주고 대화를 이어 갑니다. 영국의 타블로이드판 대중지 〈더 선〉은 챗봇으로 축구 뉴스만을 전달하고 질문에 답도 해 줍니다. 이용자들은 뉴스에 대한 궁금증을 대화로 해결하게 되었어요.

뉴스를 들어도 무슨 말인지 이해가 안 될 때가 많지요. 우리가 알고 싶은 사안에 대해 누군가가 똑 부러지고 친절하게 답해 준다면 얼마나 좋을까요? 아직은 애플의 음성 인식 인공지능 '시리'처럼 뉴스 챗봇도 엉뚱한 대답을 하기도 합니다. 마이크로소프트의 인공지능 챗봇 '테이'는 공개되자마자 욕설과 막말, 인종 차별 발언으로 16시간 만에 운영이 중단되기도 했습니다. 그럼에도 챗봇은 빠른 속도로 진화하고 있습니다. 우리는 알파고가 이세돌 9단을 이기는 과정을 통해 로봇의 기계 학습이 얼마나 빠르게 진행되는지 목격했습니다. 챗봇은 인간과의 대화를 지속적으로 분석해 가며 뉴스의 정확도를 높이겠지요. 똑똑하고 친절한 챗봇 씨가 나만의 뉴스 해설사로 동행할 시대가 멀지 않았습니다.

나의 개인 비서, 인공지능 스피커

묻고 답하는 뉴스에서 인공지능 스피커도 빠뜨릴 수 없지요. 인공지능 스피커가 단말기로 나오기 전부터 스마트폰으로도 인공지능 대화형 서비스가 제공되었습니다. 다음 이야기는 제가 신문에 쓴 칼럼의 내용에서 따온 건데 한번 읽어 보세요.

"너는 몇 살이니?"
"저는 마치 동쪽 바람만큼 늙었으며 새로 태어난 애벌레 만큼 어리기도 합니다."
"너 미쳤니?"

"미래 여행에서 방금 돌아왔는데 미래의 제가 그러더군
요, 미친 것이 아니고 단지 시대를 조금 앞서 살고 있는
것뿐이라고요, 하하하!"

"내가 못살아. 시리야, 너 때문에."

"누구요? 저요?"

"응."

"어쩐지 그렇게 말씀하실 것 같았어요."

여섯 살 딸이 스마트폰과 대화하는 것이 흥미로워 화면을
캡처해 뒀다. 때로는 약 올라하고 답답해하면서도 딸아이
는 시리와 자주 놀고 있다. (……) 아직까지 이들 인공지능
스피커의 주 용도는 음악을 듣는 것이다. "나 지금 우울
해, 즐거운 노래 듣고 싶어."라고 요청하면 알아서 선곡해
들려준다. 내일 날씨가 어떤지 알려 주고, 오디오북도 읽
어 주고, 라디오도 틀어 준다. 거실의 전등도 꺼 주고 가
정용 기기들도 통제할 수 있다. 이제 터치할 필요도 없다.
말로 명령만 하면 알아듣고 반응한다. 피곤에 지친 일상
에 저마다 개인 비서가 생긴 셈이다. 인공지능 스피커의
기능 중에 눈길이 가는 것은 뉴스 서비스다. 뉴스가 궁금
하다고 하면 지금 이 시각 주요 뉴스를 읽어 준다. 나의 관
심사에 맞춘 개인화된 뉴스 브리핑도 가능하다. (……) 파
괴적 혁신의 사례들이 그렇듯이 처음에는 "이 정도면 쓸
만한" 대체제로 진입하지만 최고의 품질로 나아간다. 인

공지능 스피커도 지금은 주요 뉴스 브리핑으로 시작하지만 뉴스에 대한 심층적인 질문에도 답하는 음성 뉴스 서비스로 발전할지도 모른다. 시리랑 이야기하기에 익숙해진 여섯 살짜리 딸이 인공지능 스피커에게 뉴스를 주문할 날도 머지않았다. (한겨레신문, 2017. 7. 13)

영국 로이터 저널리즘 연구소가 매년 진행하는 전 세계 디지털 뉴스 소비 조사에 2017년부터 항목이 하나 추가됐습니다. 인공지능 스피커를 통한 뉴스 이용 여부가 그것인데, 이용률이 해마다

급증하고 있습니다. 아마존의 인공지능 '알렉사'를 통해 공급되는 뉴스 애플리케이션이 5000개가 넘습니다. 국내 인공지능 스피커에도 뉴스를 공급하는 언론사들이 늘어나고 있습니다. 뉴스 과잉의 시대에 인공지능 스피커가 선별해 주는 주요 뉴스를 들으며 보다 스마트하고 간결한 정보 욕구를 해결할 수 있지 않을까요? 여러분의 집에도 인공지능 스피커가 있다면 오늘 저녁, 궁금했던 뉴스를 물어 보세요.

엔터테인먼트 산업까지 뛰어든 로봇

인공지능이 뉴스를 넘어 엔터테인먼트 산업에서도 활약하고 있습니다. 광고 대본도 쓰고 영화 예고편도 제작하고 있지요. 일본 토요타 자동차는 IBM이 개발한 인공지능 '왓슨'을 통해 신차 '렉서스 ES'의 광고 대본을 썼습니다. 실제 해당 대본을 적용하여 60초 정도의 영상 광고를 제작했고요. 인공지능 왓슨은 15년 동안의 유명 광고제 수상 작품의 텍스트, 비디오, 오디오를 학습했고, 이를 토대로 광고 대본을 작성했다고 합니다. 미국의 영화사 '20세기 폭스'도 왓슨과 협력해 공포 영화 〈모건〉의 예고편을 제작했습니다. 왓슨은 기존 공포 영화 100개의 비디오, 오디오, 화면 구성 요소를 학습하고 분류해 일반적인 공포 영화 예고편의 특정한 패턴을 찾아내서 〈모건〉의 예고편을 만들어 낸 거지요.

인공지능 알고리즘이 뉴스를 선택하고 배열하듯이 비디오와 영화도 골라 줍니다. 대표적으로 넷플릭스와 유튜브가 알고리즘을 통해 비디오 추천 시스템을 활용하고 있습니다. 추천 알고리즘은 크게 '콘텐츠 기반 필터링'과 '협업 필터링'으로 분류됩니다. 콘텐츠 기반 필터링은 이용자가 과거에 소비한 콘텐츠의 특성을 기준으로 그 사람의 취향과 선호를 파악한 뒤 그에 맞는 콘텐츠를 추천하는 시스템입니다. 포털, 유튜브나 넷플릭스, 음악 플랫폼에서 여러분이 이용한 콘텐츠의 기록을 토대로 검색어, 뉴스 분야, 배우나 감독, 장르, 가수, 작곡가, 작사가 등을 분석해 어떤 콘텐츠가 여러분의 관심을 끌지 예측해서 추천해 주는 거지요.

협업 필터링은 여러분이 직접 이용한 콘텐츠가 아닌 이용자들의 관계를 분석 대상으로 삼습니다. 다시 말해 여러분과 비슷한 성향을 가졌거나 같은 것을 선호할 것으로 추정되는 이용자들의 소비 결과를 토대로 콘텐츠를 추천합니다. 성별, 연령별로 이뤄지는 추천이 바로 협업 필터링의 대표적인 결과물입니다. 페이스북이나 인스타그램에서 여러분의 친구로 맺어진 사람이 본 콘텐츠를 여러분에게 추천해 주는 거지요. 과거에는 분석할 수 있는 데이터라고 해 봐야 개별 회사가 보유한 구매나 거래 내역 정도였지만, 지금은 인터넷 검색부터 각종 소셜 미디어, 동영상, 음악 이용과 같은 모든 온라인 활동이 데이터로 기록되고 분석되고 있으니 추천 시스템이 갈수록 정교해지는 겁니다.

유튜브나 넷플릭스를 보면 언제나 추천 동영상이 뜨지요. 친구들과 내게 뜨는 동영상을 서로 비교해 보면 흥미로울 겁니다. 이

밖에도 인공지능 기술은 애니메이션이나 가상 현실(VR), 증강 현실(AR)에도 적용되고 있습니다. 이제 눈으로만 보는 것이 아니라 실감나게 체험할 수 있는 콘텐츠를 만드는 데 인공지능이 큰 역할을 할 것 같아요.

(가) 9일 마산 구장에서 열린 2016 타이어뱅크 KBO리그 경기에서 NC 다이노스가 한화 이글스를 상대로 10-1로 대승을 거뒀다. 3연승을 달린 NC는 4승 3패를 기록했다.

(나) 9일 마산 구장에서 열린 NC와 한화와의 2016 타이어뱅크 KBO리그에서 NC가 손시헌을 시작으로 연이어 득점을 하면서 파죽의 대승을 거두었다. NC는 13안타, 2홈런을 날리며 거침없이 질주했다.

두 짧은 기사(단신) 중 어떤 것이 사람이 쓴 것이고, 어떤 것이 로봇이 쓴 것일까? 12일부터 15일까지 진행된 이 퀴즈에 모두 273명이 응답했는데 정답률이 평균 45.9퍼센트로 절반도 안 됐다. 사실상 누가 썼는지 구별하지 못한다는 얘기다. 프로 야구 팬이라고 답한 이들의 정답률(46.4퍼센트)도 별 차이가 없었다. 야구 경기 회별 주요 정보가 포함된 긴 기사(약 1000자 분량, 3문제)의 정답률(48.9퍼센트)이 단신(3문제)의 정답률(43.0퍼센트)보다 높았지만 역시 절반에 못 미쳤다. 정재민 KAIST 교수가 지난해 7, 8월 진행한 비슷한 실험에서도 정답률은 기자 52.3퍼센트, 일반인 46.1퍼센트에 그쳤다. (동아일보, 2016.4.18)

앞의 것이 사람이 쓴 기사, 뒤의 것은 로봇인 '야알봇'이 자동으로 생성한 기사입니다. 야알봇은 서울대 이준환 교수가 이끄는 연구팀에서 만든 로봇 기사 작성 알고리즘입니다. 제가 진행했던 실험 연구에서는 기자들에게도 인간 기자가 쓴 기사와 야알봇이 쓴 기사를 비교해 보고 찾아내게 했습니다. 결국 일반인, 야구 팬, 기자 모두 정답률은 절반에 그쳤고 기사에 대한 품질 평가에서도 차이를 보이지 않았습니다. 여러분은 정답을 맞혔나요? 미디어 속으로 들어온 인공지능과 관련해 아래 활동들을 해 보세요.

깨미주 ~~~~~~~~~~~~~~~~~~~~~~~~~~~~~ 1

로봇 기자의 장점은 무엇이고 단점은 무엇인지 생각해 보세요. 로봇 기자는 인간 기자를 대체하게 될까요? 친구들과 토론해 보세요.

깨미주 ~~~~~~~~~~~~~~~~~~~~~~~~~~~~~ 2

앞서 예를 들었듯이 인공지능이 미디어와 결합해 많은 변화가 일어나고 있습니다. 앞으로 사람들은 어떤 서비스를 좋아하고 또 어떤 서비스에는 반감을 갖게 될까요? 친구들과 상상력을 발휘해 이야기해 보세요.

깨미주 ~~~~~~~~~~~~~~~~~~~~~~~~~~~~~ 3

유튜브 추천 동영상도 알고리즘의 작품입니다. 여러분의 유튜브 계정에서

2부 우리 곁의 미디어, 어떻게 사용할까?

추천되는 동영상과 친구들의 유튜브 계정에서 추천으로 뜨는 동영상을
비교해 보고 왜 그런지 생각해 보세요.

인공지능 미디어의
그림자

　　기술 발전은 미디어 콘텐츠의 유통과 소비 방식을 완전히 변화시켰습니다. 나아가 인공지능 기술의 발전은 뉴스를 비롯한 미디어 콘텐츠를 만나는 통로를 넓히고, 소비하는 행위를 넘어서 제작하는 방식도 변화시키고 있습니다. 알고리즘 로봇이 기사를 쓰고, 포털에 실릴 뉴스를 고르고, 뉴스를 어디에 배치할지 결정하고, 광고 대본도 작성하고, 영화 예고편도 만들어 냅니다. 인공지능 스피커는 검색, 뉴스, 음악 감상, 영상 콘텐츠, 일기 예보 등을 비서처럼 제공해 줍니다.

인공지능 덕분에 도리어 게을러지고 있다고?

이렇듯 더 많은 콘텐츠와 통로가 생기면서 소비자에게 선택의 자유가 주어졌습니다. 그렇지만 과거보다 더 게으르고 수동적인 미디어 소비자가 될 가능성도 높아졌습니다. 직접 뭔가를 찾고 선택할 필요가 없어진 거지요. 검색어를 타이핑하기는커녕 이제 터치할 필요도 없습니다. 단지 말로 명령만 하면 인공지능 알고리즘이 무엇을 볼지 추천해 주고 음성으로 응답해 주니까요.

한편, 인공지능 기술이 발전하고 활용도가 늘어날수록 알고리즘의 신뢰도 문제가 제기됩니다. 이에 따라 알고리즘의 투명성에 대한 요구도 증가하고 있습니다. 예를 들어, 좋은 뉴스가 무엇인지 알고리즘이 판별한다고 생각해 볼게요. 알고리즘은 주어진 데이터를 분석해서 결과를 내놓기 때문에 뉴스의 전체 길이, 한 문장의 길이, 인터뷰 인용 횟수, 사진이나 그래픽의 수 등을 고려할 겁니다. 물론 뉴스의 객관성, 정확도, 공정성 등 기본적인 뉴스의 가치에 대해 점수를 주어 계산을 할 거고요.

문제는 알고리즘을 설계하는 사람마다 자신의 경험과 지식에 따라 특정 요소에 더 가중치를 두기 때문에 그에 따라 좋은 뉴스로 선택하는 것도 다른 결과가 나온다는 겁니다. 어떤 뉴스를 상위에 보여 줄 것인지 역시 마찬가지입니다. 사람들이 많이 본 뉴스를 우선으로 하면 모든 사람들이 비슷한 기사를 읽게 되겠지요. 내가 읽은 기사를 우선으로 유사 기사를 추천해 주면 언제나 비슷한 분야의 뉴스가 먼저 보이게 되고요.

유튜브나 넷플릭스의 추천 역시 마찬가지 결과가 나옵니다. 요즘 여러분이 많이 보는 동영상은 무엇인가요? 하나를 보고 나면 비슷한 주제의 동영상이 바로 떠서 줄줄이 사탕으로 이어서 보게 되지 않나요? 그럴 때 보통 어떤 광고들이 떴는지도 기억해 보세요. 여러분이 보는 동영상에는 젊은 층을 타깃으로, 부모님이 보는 동영상에는 부모님 연령대를 타깃으로 하는 광고가 붙을 거예

요. 이렇게 우리에게 추천되는 동영상도, 그 영상물에 따라 붙는 광고도 알고리즘이 결정합니다. 알고리즘은 눈에 보이지 않습니다. 그래서 투명성을 요구하는 겁니다. 어떤 기준으로 어떻게 설계되었는지를 밝혀야 한다는 목소리가 높아지는 이유입니다. 알고리즘이 투명해야 문제가 생겼을 때 책임을 물을 수 있고 개인정보 보안에 대한 신뢰도 높아질 수 있을 겁니다.

눈에 보이는 것을 믿지 마라! 딥페이크

'이 동영상에서 오바마가 하는 말을 믿지 마라'. 2018년 4월 17일, 미국의 뉴스 웹사이트인 버즈피드가 유튜브에 올린 동영상의 제목입니다. 게시되자마자 전 세계의 이목이 집중되었지요. 영상 속 버락 오바마 미국 전 대통령은 백악관 집무실에서 익숙한 자세와 몸짓을 보여 줬지만, 그가 한 말은 충격적이었습니다. 폭력적이고 과격한 흑인 우월주의자로 묘사된 영화 캐릭터에 대해 "옳았다."고 하더니, 이어서 "트럼프 대통령은 완전 머저리야!"라고 막말을 날립니다. 점잖고 지적인 이미지의 오바마가 저런 말을 하니 사람들은 깜짝 놀랐지요. 1분 10초짜리 동영상 후반부에서 반전이 일어납니다. 오바마가 "나는 이런 이야기를 한 적이 없다."라고 말하는 순간, 화면이 둘로 나뉘며 한쪽 화면에 한 배우의 얼굴이 나타납니다. 이후 배우가 말을 할 때마다 오바마도 그와 같은 입 모양으로 말을 합니다.

5장 인공지능과 미디어의 만남

딥페이크를 활용한 'You Won't Believe What Obama Says In This Video!'의 한 장면. 오른쪽 배우의 모습과 가짜로 만든 오바마의 모습을 비교해 보자.

이 영상은 버즈피드가 오바마 전 대통령이 말하고 있는 영상에 배우의 성대모사를 입힌 뒤 오바마의 입 모양을 발음에 맞춰 조작한 것입니다. 결국, 영상 속 오바마가 한 말 중 실제로 그가 한 말은 하나도 없는 거지요.

이번에는 일련의 포르노 동영상이 미국의 소셜 뉴스와 콘텐츠 커뮤니티 사이트인 레딧에 올라왔습니다. 이 동영상들은 폭발적인 반응을 불러일으켰습니다. 동영상의 주인공들이 바로 할리우드 유명 여배우와 가수였기 때문이지요. 사적인 동영상이 유출된 거 아닌가 싶을 만큼 사실적이었습니다. 하지만 앞의 사례와 마찬가지로 사실이 아닙니다. 동영상 주인공의 얼굴을 여배우의 얼굴로 바꿔치기한 것입니다.

원본 동영상이나 이미지 위에 다른 이미지를 매끄럽게 합성하는 기술, 바로 '딥페이크'(deepfake)입니다. 딥페이크는 이미지 조작 기술로 인공지능의 기계 학습 기법인 '딥 러닝'(deep learning)과 '가짜'(fake)라는 말을 합쳐 만든 용어지요. 원본 이미지나 동영상에 다른 이미지를 겹치거나 결합해서 가공의 이미지나 동영상

2부 우리 곁의 미디어, 어떻게 사용할까?

을 만들어 냅니다. A의 포르노 영상을 B처럼 보이게 하려면 B의 얼굴을 촬영한 동영상만 있으면 됩니다. 연예인이 딥페이크의 대상으로 쉽게 타깃이 되는 이유입니다. 일반인을 대상으로도 동영상 합성이 늘어나면서 사회 문제로 대두되고 있는 실정입니다.

국내에서도 인기 걸 그룹 멤버가 이와 같은 음란물 얼굴 바꿔치기의 피해자가 됐습니다. 불법 촬영 및 유포로 문제를 일으켰던 연예인의 실제 동영상이라며 70여 개가 커뮤니티나 SNS, 단톡방 등에서 떠돌아다녔습니다. 해외의 사례와 마찬가지로 모두 진실이 아닌 합성한 동영상이었습니다. 더 놀라운 사실이 있습니다. 딥페이크 포르노 피해자 중 한국인, 그중에서도 K팝 여자 가수를 합성한 동영상의 비율이 25퍼센트에 달해 영미계 여배우 다음으로 많았다는 점이에요. 이 때문에 우리나라 역시 딥페이크 포르노에 대한 처벌이 점차 강화되고 있습니다. 최근 딥페이크 포르노 범죄에 대한 처벌을 강화하는 법안이 국회 본의회를 통과하여 '딥페이크 포르노를 제작 및 배포한 자는 5년 이하의 징역 또는 5000만 원 이하의 벌금형'을 선고받게 됩니다.

딥페이크는 사람의 얼굴을 바꿔치기하기 위한 용도로 주로 사용되지만, 얼굴 이미지와 영상 조작 기술은 급속도로 발전하고 있습니다. 이제는 완전히 새로운 얼굴의 이미지도 만들어 냅니다. 단순히 동영상 일부를 바꿔치기해서 가짜를 만들어 내는 것이 아니라 '존재하지 않는 사람'(real fake)을 만들어 내는 거죠. 무엇이 진짜이고 무엇이 가짜인지 구분이 안 되는 세상이네요. 이러한 딥페이크 기술의 악용을 막기 위해 페이스북과 구글 등이 딥페이크 탐지 기술을 앞다투어 개발하고 있습니다. 눈 깜빡임의 부자연스러움을 파악하는 방식 등이 활용되고 있지요.

딥페이크 기술로 만들어 낸 텔레비전 앵커

중국 신화통신이 2018년 11월 8일, 세계 인터넷 대회에서 딥페이크 기술로 만들어 낸 인공지능 앵커를 소개했습니다. 양복에 넥타이, 목소리와 톤, 표정까지 방송에서 보던 인간 앵커처럼 보입니다. 다소 부자연스러워 보이기도 하지만 인공지능이라고 믿기지는 않습니다. 2019년 2월엔 신화통신 여성 앵커의 얼굴을 본뜬 여성 인공지능 앵커도 선보였는데 발음이 정확하고 표정이 풍부해 인간 앵커와 완전히 구분하기 어려울 정도였습니다. 딥페이크 앵커는 신화통신 웹사이트와 소셜 미디어 위챗의 뉴스 채널에서 뉴스를 제공하고 있습니다.

인공지능 앵커는 텍스트만 주면 365일 24시간 일합니다. 여러

중국 신화통신이 선보인
인공지능 앵커의 방송 장면.

2부 우리 곁의 미디어, 어떻게 사용할까?

개의 채널에서 동시에 일하면서도 지치지 않고 실수도 없습니다. 중국어, 영어, 아랍어 등등 못 하는 언어가 없습니다. 인간 앵커가 이렇게 할 수 있을까요?

한편으로 이런 생각을 해 봅니다. 사람과 똑같아 보이는 인공지능 앵커에게 거짓 정보를 주고 방송하게 한다면 어떨까요? 유명 방송사의 로고를 붙이고 인간 앵커와 똑같은 표정과 말투로 뉴스를 전달하는데 어느 누가 믿지 않을 수 있을까요?

이 같은 특성 때문에 딥페이크는 가짜 뉴스를 확대시키기도 합니다. 2018년 5월, 벨기에의 중도 좌파 정당이 당의 공식 트위터와 페이스북 계정에 '트럼프가 모든 벨기에 사람에게 보내는 메시지 #기후변화협약'이라는 제목의 동영상을 올렸습니다. 영상에서 트럼프 미국 대통령은 "나는 파리기후변화협약에서 탈퇴하는 데 망설이지 않았다. 벨기에도 파리기후변화협약에서 탈퇴해야 한다."라고 말합니다. 하지만 실제로 트럼프가 한 말이 아니었습니다. 벨기에의 한 정당이 정부에 더 적극적으로 기후 변화 정책을 시행하도록 압력을 넣으려는 목적에서 만든 가짜였지요. 앞서 이야기한 딥페이크 기술을 적용한 거고요.

딥페이크 기술 때문에 가짜 뉴스가 텍스트를 넘어 영상으로도 나오고 있습니다. 앵커가 전달하는 뉴스의 형태가 아니더라도 정치인이나 유명인의 얼굴로 가짜 뉴스를 얼마든지 확산시킬 수 있는 환경입니다. 실제로 위 사례와 같은 일이 벌어지고 있고요.

일상에 파고든 딥페이크에 속지 않으려면

딥페이크는 우리 삶과 멀리 떨어져 있지 않습니다. 딥페이크 기술로 연예인이 아닌 일반인 대상의 포르노 영상을 제작하는 경우도 꽤 있습니다. 소셜 미디어에서 '돈과 원하는 사람의 사진을 보내 주면 포르노에 그 인물의 얼굴을 합성해 주겠다.'며 대놓고 영업을 하지요.

딥페이크 기술이 잘못 이용되면 사회는 무한한 조작의 세계로 빠져듭니다. 이미지나 영상을 조작하는 기술은 딥페이크 기술 개발 이전에도 있었습니다. 영화의 컴퓨터그래픽 작업이 대표적이지요. 하지만 그 작업은 아무나 할 수 있는 게 아니고 예술적 영감과 숙련된 기술이 필요합니다. 무엇보다도 엄청난 돈과 시간이 들어가지요.

하지만 딥페이크는 누구나 사진이나 동영상을 모아서 만들어진 알고리즘에 투입하면 끝입니다. 기계가 알아서 놀랍도록 빠르고 깔끔하게 조작된 영상을 만들어 냅니다. 딥페이크 인공지능 기술이 우리에게 가져다줄 혼란이 두려워질 수밖에 없지요.

인공지능은 인간이 만든 도구에 불과합니다. 인간의 삶을 더욱 풍요롭게 하기 위해 개발되어야 할 인공지능이 상업적 목적이나 정치적 의도에 따라 설계된다면 불행한 사회가 되고 맙니다. 인공지능이 미디어 콘텐츠를 생산하고 유통시키고 소비를 촉진하는 시대에 십 대들은 무엇을 해야 할까요? 저는 무엇보다도 먼저 변화에 관심을 가져 보라고 말하겠습니다.

인공지능 챗봇이나 스피커에서 뉴스가 어떻게 전달되는지 직접 실험해 보세요. "나 지금 우울해. 신나는 노래 들려줘."라고 해 보고, 여러분이 좋아하는 가수 노래를 들려 달라고도 해 보고요. 많은 언론사가 로봇 알고리즘이 쓴 기사를 제공하고 있으니 읽어 보고 실제 기자들이 쓴 기사와 비교해 보세요. 궁금한 뉴스 해설도 뉴스 챗봇이랑 대화하며 풀어 보고, 인공지능 스피커에 날씨나 음악 말고 오늘의 뉴스도 주문해 보세요.

이미 한국의 모바일 뉴스는 모두 알고리즘에 의해 편집되고 있습니다. 포털이나 소셜 미디어에 뉴스가 올라올 때 왜 이 뉴스가 상단에 뜨는 걸까 생각해 보세요. 추천되는 뉴스를 보면서 내가 그동안 어떤 뉴스들을 봤길래 이런 뉴스들이 추천되는 걸까 되돌아보고요. 유튜브를 볼 때도 추천되는 동영상을 눈여겨보면서 왜 그럴까 한 번 더 생각해 보세요. 뉴스도, 동영상 콘텐츠도 맞춤형 추천이나 다른 사람들이 많이 본 것 외에 다양하게 클릭해 보았으면 합니다.

우리는 인공지능의 본질을 파악하여 투명하고 책임감을 가질 수 있게, 그리고 개인의 프라이버시를 침해하지 않도록 감시하고 요구해야 합니다. 신뢰할 수 있는 미디어를 만드는 것도 이용자의 힘입니다. 앞으로 인공지능은 미디어 속으로 더 깊숙이 들어올 겁니다. 여러분이 미디어의 생산과 유통에 참여할 기회도 커집니다. 그러기 위해서는 인공지능의 그림자를 이해하는 소비자가 되는 것이 먼저입니다.

구글 최고 경영자는 〈파이낸셜 타임스〉에 기고한 'AI에 규제가 필요한 이유'를 통해 "딥페이크나 안면 인식 악용 등과 같이 인공지능을 부정적으로 사용할 위험이 실제로 존재한다."며 "AI는 너무 중요해 규제하지 않으면 안 된다."고 주장했다. 미국의 유력 싱크탱크 브루킹스연구소가 성인 2000명을 대상으로 설문한 결과에 따르면 응답자 50퍼센트는 상점에 도난 방지용 안면 인식 기술을 적용하는 것에 반대했다. 유럽연합은 공공장소에서 안면 인식 기술 적용을 최대 5년간 금지하는 방안까지 검토 중이라고 로이터 등 외신은 전했다. 안면 인식 규제는 과도하다는 주장도 나오고 있다. 마이크로소프트 사장은 안면 인식 규제에 대해 "수술용 메스가 필요한 일에 큰 식칼을 들이대는 것과 비슷한 과민 반응"이라며 "기술을 발전시키는 유일한 방법은 그것을 활용하는 것"이라고 지적했다. (헤럴드경제, 2020.1.26)

인공지능이 우리 삶에 더 가까이 다가오고 있습니다. 인공지능이 고도화되면서 안면 인식의 적용 범위가 넓어지고 있어요. 스마트폰으로 얼굴을 인식하는 차원을 넘어 공항이나 도로, 경기장 같은 장소에도 안면 인식 기술을 적용할 수 있지요. 한편에서는 규제를 해야 한다고 하고, 다른 한편에서는 지나치다고 주장합니다.

생활의 편리함, 치안이나 질서 유지를 위해서 필요하기도 하지만 사생활 침해가 문제가 될 수 있습니다. 앞서 딥페이크 기술이 미디어에 적용된 사례에서도 이야기했듯이 얼굴 바꿔치기 조작까지 벌어지면서 부작용이 드러나고 있습니다. 아래 제시된 동영상을 찾아보고 여러분은 어떤 입장인지 이야기해 보세요.

깨미주 ~~~~~~~~~~~~~~~~~~~~~~~~~ 1

유튜브에서 '이 동영상에서 오바마가 하는 말을 믿지 마라'는 제목의 동영상을 보기 바랍니다. 실제로 구분이 가능한지 평가해 보고 친구들에게도 보여 주세요.

깨미주 ~~~~~~~~~~~~~~~~~~~~~~~~~ 2

국내에서도 인공지능 방송 앵커가 등장했습니다. '머니 브레인 인공지능 아나운서'라는 제목의 동영상인데, 유튜브에서 찾아보세요. 딥페이크 기술이 확산되면 어떤 문제가 발생할 수 있을지 생각해 보고 친구들과 토론해 보세요.

깨미주 ~~~~~~~~~~~~~~~~~~~~~~~~~ 3

평소 미디어를 이용하면서 '이거 인공지능 알고리즘이 만드는 거 아닐까?'라는 생각이 든 적 없었나요? 인공지능이 미디어에 적용되는 것에 대한 장점과 부작용에 대해 이야기해 보세요.

3부

미디어 리터러시 교육 기르기

6장

우리의 눈을
가리는 것들

필터 버블과
확증 편향

새로 가방을 하나 사려고 인터넷 검색을 했습니다. 이 것저것 비교해 보다가 결정을 못 하고 과제를 합니다. 한참 지나 소셜 미디어에 올린 글에 누가 '좋아요'를 눌렀다는 알림이 와서 들어가 봤더니 가방 쇼핑몰 광고가 바로 뜹니다. 이거 뭔가 싶지 요. 가족 여행으로 동남아시아 국가를 가려고 검색을 했습니다. 소 셜 미디어에는 어김없이 동남아 관광 패키지 광고가 뜹니다. 기가 막힐 정도로 딱 맞춰서 추천 광고가 올라오지요. 해외에 가서 검색 을 하면 또 어찌 알았는지 현지에서 구매할 수 있는 상품 광고가 뜹니다.

뉴스나 동영상도 마찬가지입니다. 내가 관심 가질 만한 콘텐츠 가 추천됩니다. 영화나 음악도 내가 좋아하는 장르만 꼭 집어서 알려 줍니다. 여러분이 원하는 걸 알아서 추천해 주니 참 편리하고 기특하다는 생각까지 들지요. 그러나 한편으로는 개인 맞춤형 추천 기술이 고도화될수록 자신의 취향과 다른 콘텐츠를 볼 기회는 줄어듭니다. 영화도 늘 같은 장르를 보게 되고 뉴스도 늘 같은 논조의 기사를 접하게 됩니다. 정해진 길로만 걷다 보면 다른 길에서 만날 수 있는 아름다운 풍광은 볼 수 없듯이, 추천된 콘텐츠만 보면 다른 보석 같은 콘텐츠를 만날 기회를 잃게 됩니다.

개인 맞춤형 광고와 콘텐츠를 접하면서 왠지 누가 나를 들여다보고 있는 것 같아서 불편하지는 않았나요? 맞습니다. 디지털 세상에서 우리는 무엇인가에 갇혀서 감시당하고 조종당하고 있습니다. 보이지 않지만 우리를 가두고 있는 그 무엇의 정체를 밝혀 볼까요?

생각 조종자들이 만들어 낸 감옥, 필터링

미국의 진보 활동가이자 온라인 정치 시민단체 '무브온'의 이사장인 일라이 파리저는 친구들에게 흥미로운 숙제를 내어 주었어요. 같은 시간에 '이집트'라는 똑같은 단어를 구글로 검색해 보라고 한 거지요. 두 친구가 캡처해서 보내 준 각자의 구글 검색 결과는 한눈에 보기에도 확연하게 다릅니다. 한 사람의 창에는 이집트의 위기부터 2011년의 시위와 같은 당시 가장 절박한 시사 정보들이 뜬 반면, 다른 사람의 창에는 여행, 휴가에 대한 정보가 떠 있고 시위와 관련된 정보는 전혀 없습니다. 그가 쓴 책에 나온 내용으로, '필터 버블'에 대한 예시입니다. '필터'(filter)는 걸러 내는 장치이지요. 여과기라고도 하고요. '버블'(bubble)이 풍선인 건 잘 알 테고요. 필터 버블을 굳이 해석하자면 무언가를 걸러 내서 풍선 안에 가둬 두는 걸 의미합니다.

일라이 파리저는 인터넷의 추천을 통해 우리가 무엇을 읽고 어떻게 생각하는지를, 또 어떻게 변화하는지를 책에서 소개하고 있습니다. 한국에서는 『생각 조종자들』이라는 제목으로 번역되었는데, '당신의 의사 결정을 설계하는 위험한 집단'이라는 섬뜩한 부제가 붙어 있습니다. 그야말로 느낌이 팍 오지 않습니까?

내 정보 필터링을 누가, 어떻게 하는 거지?

구글의 검색 결과만 그럴까요? 여러분이 인터넷을 통해 접속하는 모든 사이트가 마찬가지입니다. 페이스북의 창업자이자 대표인 마크 저커버그는 "아프리카에서 죽어 가는 사람들보다 당신 집 앞에서 죽어 가는 다람쥐가 당신의 흥미와 더 관련성이 높을 것이다."라고 말합니다. 이것이 소위 말하는 개인 맞춤형의 본질입니다. 유튜브도, 넷플릭스도, 아마존도, 페이스북도 개인 맞춤형 서비스를 무기로 내세우면서 알고리즘 개발 경쟁에서 앞서기 위해 천문학적 금액을 투자하고 있습니다.

결국 인터넷 기업들은 개인이 관심 가질 만한 정보와 오락 콘텐츠만 걸러 내서 제공해 줍니다. 그러면 여러분은 개인의 버블 안에 주어진 콘텐츠만을 소비하게 되지요. 언제 어디서나 무엇이든 연결할 수 있는 인터넷 세상에는 수많은 선택지가 있습니다. 하지만 사실 여러분이 소비하는 콘텐츠는 여러분이 고르는 것이 아니라 검색 엔진과 소셜 미디어 기업이 필터링한 것이고, 여러분은 그 덫에 빠져 있습니다.

알고리즘이 필터링을 분석하는 방법은 여러분이 검색하고 클릭한 것에 기반합니다. 네이버도 인공지능을 통해 개인 맞춤형 뉴스 서비스를 제공하고 있지요. 비슷한 관심사를 가진 다른 이용자가 많이 본 뉴스를 찾는 인공지능 기술과 이용자가 특정 뉴스를 소비한 순서를 파악하는 인공지능 기술을 결합한 것입니다. 이를 통해 이용자가 좋아하는 분야의 뉴스 노출 빈도를 높이고, 선호하는 언론사 또는 정치 성향을 파악하여 그와 관련된 뉴스를 선택적으로 추천합니다. 정보 과잉의 시대에 알고리즘이 내가 관심 가질 만한 뉴스와 정보를 걸러 내서 보여 주니 효율적이라고 생각할 수도 있습니다. 그러나 앞서 말한 '이집트'의 구글 검색 사례와 같이 결국 개인은 온라인 공간에서 자기만의 정보 세계에 갇히게 되지요.

여러분의 버블 안에 무엇이 들어오는지는 알 수 없습니다. 더 큰 문제는 무엇이 걸러져 버블 밖으로 밀려나는지도 모른다는 거지요. 아무리 나한테 필요하고 소중한 정보라도 버려질 수 있습니다. 관심사대로 거르라는 명령을 받은 알고리즘이 한 치의 오차 없이 걸러 내 버리니까요.

필터 버블 속의 콘텐츠 편식

우리 몸의 건강을 위해 균형 잡힌 식단이 강조됩니다. 그런데 버블 안에서의 콘텐츠 소비는 편식만을 유도합니다. 누구나 원하는 달달한 초콜릿이 있고, 원하지는 않지만 꼭 필요한 영양소를 가진 음식도 있습니다. 하지만 필터 버블 안에서 균형 잡힌 식단은 존재하지 않습니다. 내 입맛에 맞는 음식을 먹고, 내 취향에 맞는 정보와 오락을 이용하는 게 뭐가 문제냐고요? 사실 소름 돋는 건 그것마저 여러분의 선택이 아니라는 점입니다. 입맛이 바뀌어 이제 건강식을 시도해 보고 싶고, 다른 주제의 정보와 오락물을 보고 싶어도 여러분은 이미 선택된 버블 안에서 주어진 것만 먹고 이용하게 됩니다.

여러분이 포털이나 소셜 미디어에서 접하게 되는 뉴스를 한번 돌아보세요. 십 대 청소년이 인터넷 공간에서 주로 접하는 뉴스 주제를 분석해 보면 전체 국민 평균과 큰 차이가 납니다. 연예 오락 뉴스가 압도적입니다. 여러분이 정치나 경제보다는 연예 오락에 관심이 많아서이기도 하지만, 한편으로는 여러분이 뉴스를 보는 포털과 소셜 미디어의 알고리즘이 연예 오락 뉴스를 먼저 배치하기 때문입니다.

여러분이 많이 보는 유튜브 동영상은 어떨까요? 자신의 유튜브 첫 화면에 뜨는 추천 동영상을 보세요. 여러분이 관심 있는 동영상이 쭈욱 떠서 다음 동영상을 누르지 않아도 계속 이어서 재생됩니다. 부모님의 유튜브 화면과 여러분의 유튜브 화면을 비교해 보세요. 친구들의 유튜브 화면과도 눈여겨 비교해 보세요. 그동안 여러분이 어떤 콘텐츠를 보아 왔는지 한눈에 알 수 있습니다. 편식이 여러분의 몸에 미치는 영향이 당장 드러나지는 않아도 그 해로움이 과학적으로 입증됐듯이, 편중된 콘텐츠 이용이 가져올 결과 역시 확연합니다.

확증 편향, 내 의견에 동조하면 옳고 반대하면 틀리다

개개인이 각자의 버블 안에 갇힌 사회의 모습은 참담합니다. 자기 세계에 갇힌 사람들에게 소통은 불가능한 일이지요. 같은 세상에 살지만 다른 모습만을 바라보기 때문입니다. 자신의 견해를 지지하는 정보만을 옳다고 받아들이고, 자신의 견해에 반대되는 사실은 무조건 틀리다고 판단하는 현상이 굳어집니다. 이렇게 비합리적인 신념과 편견이 강화되면서 자기 생각과 다른 의견은 보려고도, 들으려고도 하지 않게 되지요. 이를 심리학 용어로 '확증 편향'이라고 합니다. '내로남불'(내가 하면 로맨스, 남이 하면 불륜)의 전형이네요.

'에코 체임버'에 대해 들어 본 적 있나요? 소리가 그 안에서만 울리는 밀실을 의미합니다. 욕실에서 샤워하며 노래를 부르면 목소리가 울려서 제법 근사하게 들립니다. 밀실에 갇혀 자기 소리만 듣게 되니까요. 혹시 친구들과의 모임이나 메신저 단체방에서 반대 의견을 냈다가 비난을 못 견디고 스스로 빠져나온 적은 없나요? 내가 겪지는 않았더라도 심지어 퇴출당하는 친구를 목격하기도 했을 거예요. 결국 하나의 의견에 동조하는 사람들만 남게 되어 그들의 의견만이 진실이 되어 버리지요.

더욱 우려되는 건 자신들의 생각이 옳다는 신념이 커지면서 타 집단에 대한 차별과 무시로 이어질 수 있다는 점입니다. 몇몇 친구들끼리 결속력이 강해지다 보면 집단 애착이 생깁니다. 일상생활에서도 몰려다니지만 온라인 공간에서는 시간 제약도 없으니 소셜 미디어나 메신저에서 그룹을 만들고 더 많이 이야기하지요. 친한 친구들이니까 당연하다고요? 문제는 '우리'가 아닌 다른 친

구들을 배제하는 데 있어요. 최근 청소년들 사이에 '지인 능욕방'이라는 소셜 미디어의 단체 채팅방도 등장했다고 합니다. 습관적으로 여성 지인의 사진을 공유해 성희롱적인 발언을 하거나 실제로 성범죄에 가담하기도 한다는 것이죠. 범죄 행위를 한 인물을 영웅처럼 인정해 주다 보니 그 채팅방에서는 옳고 그름의 판단 자체가 흐릿해져 버립니다.

소셜 미디어에서의 뉴스 소비는 빠른 속도로 진행됩니다. 소셜 미니어 뉴스 피드의 글들을 하나하나 짚어 가면서 읽지는 않으니까요. 기사의 헤드라인과 사진, 혹은 앞부분의 한 단락 정도만 보는 경우가 많습니다. 그래서 자기 입맛에 맞는 자극적인 제목에 더 혹하게 마련이지요.

소셜 미디어에서의 정보 소비도 마찬가지입니다. 수없이 올라오는 게시물을 대충 훑어보면서 나와 신념이 일치하는 글만 주목해서 다시 보게 됩니다. "맞아 맞아, 그렇지."를 반복하면서 공유를 누르게 되지요. 처음에는 다양한 생각을 가진 사람들이 친구로 설정되어 있지만 어느 순간부터 생각이 다른 사람은 친구 끊기를 하거나 글을 올려도 안 보게 됩니다. 생각이 같은 사람들끼리만 서로 정보를 주고받는 현상이 생깁니다. 결국 나와 같은 생각을 가진 친구들끼리만 속삭이는 에코 체임버 안에 스스로 갇히게 되는 거지요. 우물 안이 세상의 전부인 것처럼 만족하며 살아가는 개구리가 되는 겁니다. 더 넓고 멋진 세상도 있다는 걸 깨닫기 위해 우물에서 나왔으면 합니다. 아니, 최소한 문을 걸어 잠그고 그

안에 숨어 있지는 말아야 합니다.

필터 버블 터뜨리기

이러한 정보 편식을 막고 독자들에게 균형 잡힌 시각을 갖도록 유도하는 방안들이 등장하고 있습니다. 영국의 진보 일간지 〈가디언〉은 '당신의 거품을 터뜨려라'(Burst your bubble)라는 제목의 섹션을 만들었습니다. 사고를 확장하기 위해 읽을 가치가 있는 보수 논조의 기사들을 매주 올리고 있습니다. 진보 성향인 우리 〈가디언〉만 읽지 말고 다양한 시각을 접하기 위해 반대편인 보수 성향의 신문도 읽으라는 가이드를 제시해 주는 거지요.

'통로 건너편을 읽어라'(Read Across The Aisle)라는 애플리케이션도 있습니다. 2017년에 시작된 이 애플리케이션은 이용자들이 어떤 이념적 성향의 뉴스를 많이 읽었는지 분석합니다. 만일 독자가 지나치게 편향된 기사에만 노출되어 있다면 미터기로 결과를 보여 주고, 반대 성향의 기사도 함께 읽어 볼 것을 권하는 알림을 발송합니다.

뉴스 포털 '올사이드'는 600여 개의 언론사와 기사를 정치적 성향에 따라 보수, 중도, 진보로 분류합니다. 매일 동일한 주제에 대해 세 개 언론사의 기사를 나란히 배치해서 보여 주고 모든 기사에 대해 해당 언론사의 이념적 성향을 5점 척도로 표시해 줍니다. 다양한 시각의 기사를 모두 제공함으로써 사람들이 필터 버블에서 벗어날 수 있도록 하겠다는 목표를 내세우고 있습니다.

이와 같은 다양한 접근들을 눈여겨보는 것도 필요하지만 가장 중요한 것은 뉴스와 정보를 이용하는 우리의 자세입니다. 맞춤형 정보의 실체가 무엇인지 되새기고, 나도 필터 버블에 갇혀 편식한 것은 아닌지 되돌아봐야겠지요. 인터넷 기업과 언론사들이 여러분에게 맞춤형 뉴스와 정보, 오락 콘텐츠를 제공하는 이유는 무엇일까요? 이 질문에 답하는 것이 필터 버블을 터뜨리는 첫걸음입니다.

깨어 있는 미디어 주인 되기

> 자신의 정치 성향을 '중도'라고 생각하는 30대 직장인 A씨는 60대 중반의 부모님과 정치 관련 주제로 설전을 벌이기 일쑤다. A씨는 "유튜브가 잘 안 된다."며 스마트폰을 좀 봐 달라는 어머니의 유튜브 추천 영상 목록을 보고서야 왜 부모님과 그토록 말이 안 통했는지 이유를 알게 됐다. 하나같이 보수 논객들의 유튜브 영상만 추천돼 있었던 것. 어머니가 친구의 추천으로 본 유튜브 영상 하나 때문에, 유튜브 추천 알고리즘은 어머니에게 보수 논객들의 유튜브 영상만 추천해 놓은 것이었다. A씨는 "다른 목소리나 시각은 전혀 볼 수 없었다."며 "이러니 어머니와 이야기할 때 다른 생각이 들어갈 틈이 없었던 것 아니겠느냐."고 말했다.(매일신문, 2019.12.20)

새도 같은 깃털끼리 모이듯이 사람도 관심사나 성향이 비슷하면 더 친근감을 느끼고 가까워지게 마련입니다. 유유상종은 동물이나 사람이나 마찬가지겠지요. 문제는 위 기사에서처럼 비슷한 사람들끼리만 모여 이야기하다 보면 실제 사회의 흐름과 전혀 다른 것을 사실이라고 믿을 수 있다는 점입니다. 터무니없는 거짓도 사실로 받아들입니다. 게다가 이 사실을 퍼뜨리기도 하지요. 옛날에도 흔한 일이었지만 인터넷 세상에서는 이렇게 끼리끼리 뭉치

201

기가 더 심해졌습니다. 뉴스와 정보뿐만 아니라 영화 보고 음악 듣는 것도 편식하게 됩니다. 알고리즘에 의한 추천이 편해서 좋기도 하지만, 한편으로는 알고리즘이 나의 선택의 폭을 좁히는 건 아닌지 우려도 됩니다. 미디어 콘텐츠 이용의 특정 분야 쏠림 현상에 대해 추천과 관련해 아래 활동들을 해 보세요.

깨미주 ～～～～～～～～～～～～～～～～～～～～ 1

친구들과 모여서 동시에 같은 단어에 대해 검색을 해 보세요. 네이버, 구글, 유튜브에서 같은 단어를 정해서 각자의 휴대폰에 입력해 보고 서로의 포털 창에 뜬 검색 결과를 비교해 보세요.

깨미주 ～～～～～～～～～～～～～～～～～～～～ 2

소셜 미디어에서 나와 생각이 다르다는 이유로 친구 끊기를 하거나 피드에서 글 보이지 않기를 누른 적이 있나요? 소셜 미디어를 쓰면서 확증 편향이 심화되었다는 생각은 안 드나요? 내가 가지고 있는 확증 편향 중 하나를 들어 보세요.

깨미주 ～～～～～～～～～～～～～～～～～～～～ 3

인터넷 기업과 언론사들이 여러분에게 맞춤형 뉴스와 정보, 오락 콘텐츠를 제공하는 이유는 무엇일까요? 친구들과 함께 토론해 보세요.

"프란치스코 교황, 가톨릭교인들은 힐러리에게 투표
하지 마라.", "힐러리가 테러 단체인 이슬람 국가(IS)에 무기를 팔
았다.", "로버트 드니로가 트럼프 지지로 선회하면서 할리우드가
요동친다." 2016년 미국 대통령 선거 당시 구글과 페이스북을 뒤
덮은 뉴스들입니다. 하지만 모두 사실이 아니었습니다. 소위 가짜
뉴스였습니다. 그 후 가짜 뉴스 논란은 전 세계적인 화두가 되었습
니다.

옛날부터 있어 온 유언비어나 헛소문과 뭐가 다르냐고요? 거짓
말이 전해지는 방식과 범위, 속도에서 크게 차이가 납니다. 온라인
공간에 기사로 존재하지만 신문사 이름도, 기자 이름도 가짜입니
다. 검색 엔진과 소셜 미디어를 통해서 확산되기 때문에 도달 범위

는 무한대이고 빛의 속도로 전파됩니다. 앞서 예를 든 2016년 미국 대통령 선거 때 가짜 뉴스 상위 20개와 19개의 주요 언론사 상위 기사 20개를 골라 조회 수, '좋아요' 수, 공유 수를 비교해 보니 가짜 뉴스가 더 높았습니다. 힐러리 클린턴 후보를 비방하는 가짜 뉴스가 유독 많았고, 결국 선거 결과로도 이어졌다는 분석까지 나왔습니다.

구글과 페이스북이 가짜 뉴스가 확산된 진앙지로 지목됐지요. 미국의 언론사늘이 이 가짜 뉴스를 만든 사람들을 추적해 보니 대부분이 마케도니아의 벨레스라는 도시에 살고 있었습니다. 그곳의 십 대 청소년들이 미국의 극우파 블로거들이 올린 글을 짜깁기하고 그럴듯한 가상의 신문사 이름과 존재하지 않는 기자 이름까지 써서 기사처럼 포장해 소셜 미디어에 올렸던 겁니다. 클릭 수가 늘어나면서 광고 수입을 거둘 수 있었으니까요.

왜 그렇게 힐러리를 비난하는 가짜 뉴스를 많이 만들었냐고요? 처음엔 힐러리와 트럼프에 대해 비슷한 비율로 만들어 올렸는데, 갈수록 힐러리를 비난하는 기사에 조회 수와 공유 수가 높더라는 겁니다. 조회 수가 바로 돈이니 이슈가 되는 힐러리의 비난 기사를 집중해서 만든 거예요. 돈만 벌면 되니까요.

가짜 뉴스를 키우는 건 무엇일까?

우리는 뉴스를 접하게 되는 플랫폼의 변화에 주목할

필요가 있습니다. 소셜 미디어와 메신저 이용이 일상화되면서 여기에서 뉴스를 보는 사람들이 늘어났습니다. 그런데 이 공간에서는 개인의 의견이나 감정이 더 많이 공유된다는 특성이 있습니다. 특정 관점을 가진 의견이 팩트에 기반한 정보보다 훨씬 더 많이 공유되지요. 의견이나 감정은 극적이고 분노를 일으키는 경우가 많아 흥미를 돋우기 때문입니다. 오히려 사실에 입각하고 균형 잡힌 뉴스는 주목을 받지 못합니다. 미국 대통령 선거 사례에서 가짜 뉴스가 더 많이 읽히고 공유된 이유도 결국 자극적인 극우파 블로거들의 의견을 뉴스 기사로 포장해 만들었기 때문입니다.

미국의 언론사 AP통신에서 흥미로운 실험을 했는데, 사람들은 소셜 미디어에서 뉴스를 볼 때 작성한 언론사보다 공유한 사람에게 더 영향을 받았다고 합니다. 자신의 지인이 공유한 기사일수록 더 긍정적으로 평가해 '좋아요'를 누르고 댓글도 달고 공유했습니다. 언론사의 명성과 관계없이 뉴스를 공유한 사람이 뉴스에 대한 신뢰도와 관심도를 결정한다는 이야기입니다.

언론사까지 알아야 하나요?

페이스북이나 트위터에서 링크된 기사를 읽고 나서 내용은 기억이 나는데 어느 언론사 기사인지 헷갈리거나 아예 기억을 못 하는 경우가 많습니다. 일종의 출처 망각 현상인 거지요. 실제로 한국언론진흥재단의 조사 결과를 보면, 소셜 미디어를 통해 뉴스를 본 사람의 절반 이상이 링크된 기사를 읽었지만 출처를 모른다고 답했습니다. 확실히 기억하고 있다는 응답은 10퍼센트도 되지 않았습니다. 여러분은 어떤가요? 어쩌면 이런 반박 질문을 할 수도 있겠네요. "언론사를 꼭 기억해야 하나요?"

물론 가짜 뉴스보다 언론사가 만든 기사가 더 문제라고 지적할 수도 있습니다. 툭하면 오보에 사과도 안 하고, 낚시성 제목이나 달고, 속이 뻔히 보이는 광고성 기사, 한쪽만 두둔하는 편향적 기사를 내보내는 언론사가 더 문제라는 거지요. 하지만 언론사의 기사를 모조리 다 그렇다고 평가해 버린다면 진실을 보도하기 위해 애쓰는 언론사의 기사마저 설 자리를 잃게 됩니다.

뉴스 출처에 대한 망각은 가짜 뉴스가 만들어지고 확산되는 환경을 만들어 줍니다. 누가 썼든 상관없다고 인식한다면 정체불명이거나 허구의 언론사가 만든 가짜 뉴스를 진짜라고 믿을 수 있다는 이야기가 되는 거지요.

그 뉴스, '팩트체크' 했나요?

얼마 전에 인터넷에서 본 동영상을 방송 뉴스로 착각한 적이 있습니다. 익숙한 방송사의 뉴스 화면을 그대로 이용했고 로고까지 똑같았거든요. 상품 광고를 하고 있길래 다시 확인해 보니 방송사 로고를 거의 똑같이 모방했더군요. 동영상 광고를 만든 사람은 어떻게든 일단 주목을 끄는 게 목적이니 수단과 방법을 가리지 않았겠지요.

만약 방송사 앵커까지 그대로 재현해 냈다면 어떨까요? 그야 말로 깜빡 속아 넘어갈지도 모릅니다. 물론 위법의 소지가 있겠지요. 하지만 기술적으로는 얼마든지 가능합니다. 앞서 딥페이크 기술로 만들어 낸 중국 신화통신의 인공지능 앵커처럼요. 정치인도, 연예인도, 방송사 앵커도 동영상으로 만들어 낼 수 있고, 그럼으로써 가짜 뉴스와 허위 정보를 퍼뜨리기가 더 쉽습니다. 이쯤 되면 팩트체킹 이야기를 안 할 수가 없겠지요.

2014년 9월 22일, 한 방송사에서 저녁 종합 뉴스 시간에 '팩트체크' 코너를 선보였습니다. 당시에 팩트체킹은 한국 언론에 생소한 개념이었습니다. 누가 무슨 말을 했다는 팩트만 전달하면 됐지, 그 발언 속의 주장이 사실인지 아닌지를 따져 묻는 경우는 드물었기 때문입니다. 시청자들에게는 무척이나 신선하게 다가왔지요. 해당 방송사의 '팩트체크' 코너를 3년간 진행했던 오대영 기자는 지난 3년의 취재기에서 "3년간 가장 공들인 것은 '가짜 뉴스 잡기'였다."고 밝혔습니다.[*]

지금은 팩트체크를 표방하는 언론사가 20개가 넘습니다. 서울대학교 언론정보연구소는 팩트체크 센터를 열어서 언론사들이 팩트체킹한 결과를 게시하도록 하고 있습니다. 한국언론진흥재

[*]   오대영, 'JTBC 〈팩트체크〉 5년: 가짜가 진짜를 이기지 않는 세상을 위해', 〈신문과 방송〉, 69-72쪽, 2019년 9월호.

단 주최로 청소년 체커톤^{**} 대회도 열리고 있고요. 그만큼 우리 사회에 가짜 뉴스가 많아졌고 그 영향이 심각하다는 반증입니다. 한편으로 보면 예전과 달리 인터넷과 소셜 미디어로 가짜 뉴스가 급속도로 확산되기 때문이기도 합니다.

팩트체킹, 진실의 퍼즐 맞추기

오대영 기자는 "팩트체커는 다른 언론인에 비해 더 심한 강박감 속에 산다. 팩트체크가 팩트를 틀렸다는 평가를 듣지 않기 위해서다."라고 했습니다. 수많은 사안과 진술에 대해 팩트체크를 한다는 것이 얼마나 어렵고 시간이 필요한 일인지 이해가 갑니다.

팩트체킹은 사실 여부만 확인하는 것이 아니라 진실의 퍼즐을 맞추는 작업입니다. 정치인들은 확인도 안 된 말들을 내뱉고 말을 바꾸곤 하는데, 언론은 확인하지도 않고 그대로 받아씁니다. 그러면 그 기사는 소셜 미디어를 통해서 일파만파 퍼져 나갑니다. 어디서 시작됐는지 모를 터무니없는 이야기들이 진실로 둔갑해 떠다닙니다. 가짜 뉴스가 만들어지고 퍼져 나가지 못하도록 더욱 강화된 팩트체킹이 필요합니다. 대학이나 연구 기관, 언론사, 학계

***

** 체커톤은 팩트체크와 마라톤의 합성어로 친구들과 함께 다양한 도구를 활용하여 사회에 널리 퍼진 잘못된 뉴스와 정보를 가려내고 바로잡는 대회입니다.

3부 미디어 리터러시 근육 키우기

모두가 동참해야 합니다. 무엇보다도 자극적인 가짜 뉴스보다 미래 지향적이고 가치 있는 뉴스를 소비하는 여러분의 습관이 우리 사회를 건강하게 만듭니다. 눈 감으면 코만 베어 가는 것이 아닙니다. 눈 감으면 가짜가 진짜가 됩니다. 가짜 뉴스가 판치지 못하는 세상을 우리가 만들어 가요.

가짜 뉴스에서 나와 친구 구하기

정보의 홍수 속에서 어떻게 하면 가짜 뉴스에 속지 않을까요? 여러분 자신과 친구들을 보호하기 위해 지켰으면 하는 몇 가지 제언을 하려고 합니다.

유명 아이돌 그룹 멤버가 비밀리에 결혼하고 임신까지 했다는 보도가 나왔습니다. 소셜 미디어와 메신저를 타고 소식이 일파만파 퍼져 나갑니다. 인터넷에 댓글도 난리가 납니다. 혹시 가짜 뉴스는 아닐까요? 모든 것을 의심할 필요가 있습니다. 사실이 아닐 수도 있다는 생각도 해야 하지요. 소문이나 뉴스를 100퍼센트 진실이라고 믿어서는 안 됩니다. 의심하고 비판하는 것은 부정적이고 냉소적인 것과 다릅니다. 편집증처럼 대할 필요는 없지만 여러분이 받아들이는 것에 대해 스스로 높은 수준의 인식과 염려를 갖는 것이 좋겠습니다. 뉴스를 접했을 때 사실 여부에 대한 판단은 한 박자 늦추기 바랍니다. 댓글을 쓰는 것도 잠시 멈추고요.

다음으로 출처를 확인해야 합니다. 보도가 나왔다면 어떤 언론사나 단체, 혹은 개인이 한 이야기인지 확인하세요. 특히 연예 관련 기사들은 소셜 미디어에서 퍼지거나 '카더라' 뉴스인 경우가 많죠. 무작정 악플을 달거나 친구들과 공유하기 전에 명확한 출처 확인이 필요합니다. 출처는 기사의 진위 여부를 판단하는 가장 중요한 단서입니다. 그동안 인터넷 공간에서 콘텐츠를 접하자마자 내용부터 봤다면, 이제는 먼저 출처부터 확인하고 읽는 습관으로 바꿔 보세요. 가짜 뉴스가 내 시간을 잡아먹거나 머릿속에 스며드는 위험을 막아야지요. 학교 과제로 어떤 주제에 대해 정보를 검색할 때도 누가 썼는지, 사진은 어디서 나온 건지 확인하세요. 출처가 없다면 결코 인용해서는 안 됩니다.

이제 추가 정보를 확인할 차례입니다. 출처가 있어도 분명하고 신뢰할 수 있는 정보원이 아니라면 반드시 추가 정보를 확인해 봐야 합니다. 아이돌 그룹의 팬인 친구에게도 직접 확인해 보세요. 왜 다른 뉴스에는 이런 정보가 없는지 합리적 의심이 필요합니다. 한두 번만 더 알아봐도 가짜 뉴스에 당할 염려는 줄어듭니다.

그리고 사실과 의견을 구분해야 합니다. 사실에 기반해서 쓴 건지, 추측성으로 자신의 생각을 쓴 건지 구별해야 합니다. 앞서 뉴스에는 스트레이트 기사와 의견 기사가 있다고 말했었지요? 특히 온라인 공간에서는 개인의 의견을 사실처럼 뉴스로 전달하는 경우가 많습니다. 누구나 자기 생각을 이야기할 수는 있지만 사실에 바탕을 두고 쓴 것이 아니라면 명백한 가짜 뉴스입니다. 사실과 의견을 구분하는 능력을 키우기 바랍니다.

제목만 보고 공유하지 마세요. 뉴스는 눈길을 끌기 위해 충격적이고 자극적인 제목을 답니다. 행여나 제목에 이끌려 클릭했더라도 제목을 기사의 전부로 생각해서는 안 됩니다. 반드시 기사의 전문을 읽어 보고 판단해야 합니다. 스스로 판단했을 때 주변 사람들도 읽을 만한 가치가 있을 때에야 뉴스를 공유해야 하지요. 기사가 길어서 다 읽기 어렵고 사실에 기반했는지 판단할 수 없다면 공유하지 마세요.

6장 우리의 눈을 가리는 것들

포털을 맹신하면 안 됩니다. 포털에서 가장 많은 정보를 찾을 수는 있지만 걸러지지 않은 정보이기 때문에 옳은 내용만 있는 것이 아닙니다. 오히려 해당 연예인의 사생활까지 들쑤시는 글들을 접하게 될 가능성이 높습니다. 네이버나 구글의 정보는 대단합니다. 뭘 물어도 답을 내놓습니다. 하지만 똑같은 검색어라도 누가 검색하느냐에 따라 답이 달라진다고 했지요? 그 사람의 검색 이력에 따라 알고리즘이 달리 작동하기 때문입니다. 학교 과제를 위해 포털로 검색을 시작하는 건 좋지만 그것이 전부여서는 안 됩니다. 포털은 신이 아닙니다. 검색 엔진일 뿐입니다.

마지막으로 이렇게 사실 확인 과정을 거쳤더라도 최종 판단은 유보하기 바랍니다. 딥페이크 사례에서 보았듯이 동영상 이미지 조작도 얼마든지 일어날 수 있습니다. 음성과 영상마저 완벽하게 조작되는 세상입니다. 비판적 사고력을 키우지 않는다면 가짜 뉴스에 당할 가능성은 갈수록 커집니다.

깨어 있는 미디어 주인 되기

'목욕탕에 코로나19 확진자가 다녀갔다'는 허위 사실을 카카오톡을 통해 유포한 이들에게 벌금형이 선고됐다. 대구지방법원 제1형사단독 이호철 부장판사는 7일 업무 방해 등의 혐의로 재판에 넘겨진 A씨(49)와 B씨(53) 두 사람에 대해 각각 벌금 300만 원을 선고했다고 밝혔다.

재판부는 "이 사건 범행 당시 코로나19 관련 확진자가 급증해 전국적으로 불안감이 조성되는 상황에서, 다수인이 사용하는 온천의 경우 확진자가 다녀갔다는 소문만으로도 영업에 심각한 타격을 입힐 수 있음은 능히 짐작이 간다."라고 설명했다. (……) A씨는 지난 2월 19일 오전 9시께 대구 소재의 한 회사 내에서 카카오톡을 통해 직장 동료인 B씨에게 "신천지 그 사람 때문에 큰 병원이 문 닫았다, 그중 한 명이 우리 동네 온천 목욕탕 다녀서 거기도 지금 문 닫았다, 그 목욕탕이 ○○○이다."라는 허위 사실을 전송했다. B씨는 A씨로부터 이 같은 메시지를 받은 뒤 자신의 가족이 포함돼 있는 단체 채팅방에 게시했다. (오마이뉴스, 2020.6.7)

　질병이 확산될 때 유난히도 괴담과 가짜 뉴스가 많아집니다. 두려움은 큰데 정작 대비하기 위한 정보가 충분치 않기 때문이겠지요. 질병에 대한 우려로 방역과 검사를 철저히 하자는 요구는 정

6장 우리의 눈을 가리는 것들

당하지만 특정 국가나 집단에 대한 일방적인 비난, 과도한 공포감 조장은 독이 될 수 있습니다. 심지어 그것이 허위 정보라면 처벌의 대상입니다. 가짜 뉴스의 사례는 지금도 차고 넘칠 만큼 많은데, 기술 발달로 영상 조작까지 가능해지면서 더욱 늘어날 수밖에 없습니다. 여러분도 일상에서 미디어를 통해 가짜 뉴스를 접한 경험이 있으리라 생각됩니다. 아래 활동들을 함께 해 보며 가짜 뉴스에 대처하는 방안을 고민해 보면 좋겠습니다.

깨미주 ~~~~~~~~~~~~~~~~~~~~~~~~~~~~~~~~~~ 1

가짜 뉴스에 대한 경험담을 친구들과 이야기해 보세요. 굳이 뉴스가 아니더라도 온라인에서 접한 이야기가 가짜로 판명된 경우도 괜찮습니다. 어떤 내용이었고, 누가 만들어 냈고, 왜 그랬을지, 어떤 피해가 발생했는지에 대해 토론해 보세요.

깨미주 ~~~~~~~~~~~~~~~~~~~~~~~~~~~~~~~~~~ 2

친구들과 팩트체킹 실험을 해 보세요. 뉴스로 나온 기사도 좋고 인터넷에 떠도는 이야기도 좋습니다. 정치인의 발언도 대상이 될 수 있겠네요.

깨미주 ~~~~~~~~~~~~~~~~~~~~~~~~~~~~~~~~~~ 3

소셜 미디어나 메신저, 유튜브 같은 온라인 동영상에서 본 뉴스의 출처를 기억하나요? 최근에 읽은 뉴스를 떠올려 보고 어느 언론사가 쓴 기사인지 생각해 보세요. 또 친구들은 얼마나 기억하고 있는지 물어보고 이 현상에 대해 토론해 보세요.

디지털 다이어트

여러분은 인터넷과 스마트폰, 소셜 미디어가 없는 세상을 살아 보지 못한 세대입니다. 그래서 편리함과 효율성을 가장 중요한 가치로 받아들이게 마련입니다. 인터넷, 스마트폰, 소셜 미디어가 없는 불편하고 비효율적인 삶은 상상할 수도 없으니까요. 편리하고 재미있는 정보가 많으니 24시간 켜 두고 살지요. 하지만 정작 더 중요한 삶의 기능과 가치는 꺼 둔 채 살아가는 건 아닐까요? 여러분이 연결되어 있는 온라인 세상과 여러분 손에 들린 스마트폰은 어떻게 사용하느냐에 따라 약이 될 수도, 독이 될 수도 있습니다.

나도 스마트폰 중독일까?

여러분은 스마트폰에 중독되었나요? 중독이라고 하니까 꼭 마약 중독 같아서 듣기 거북한가요? 그럼 이렇게 물어보면 어떨까요? 아침에 깨자마자 제일 먼저 찾는 것은 무엇인가요? 밤에 잠들기 전에 누워서 눈이 감기기 직전까지 바라보는 것은요? 스마트폰이 손에서 오래 떨어져 있으면 왠지 불안하고 초조하지 않나요? 아니 한마디로, 여러분은 스마트폰 없이 살 수 있나요?

만약 이 질문들에 전부 "아니오!"라고 대답할 수 없다면, 여러분은 '노모포비아'(nomophobia)에 걸린 겁니다. 'no mobile phone phobia'의 줄임말로, 스마트폰이 없을 때 초조하고 불안감을 느끼는 증상, 즉 스마트폰 중독을 의미합니다.

스마트폰 과의존 정도 테스트

한국정보화진흥원에서 '스마트폰 과의존 청소년 척도'를 만들었습니다. 아래 10문항에 대해 '전혀 그렇지 않다', '그렇지 않다', '그렇다', '매우 그렇다'의 4점 척도로 답하면 됩니다.

1. 스마트폰 이용 시간을 줄이려 할 때마다 실패한다.
2. 스마트폰 이용 시간을 조절하는 것이 어렵다.
3. 적절한 스마트폰 이용 시간을 지키는 것이 어렵다.
4. 스마트폰이 옆에 있으면 다른 일에 집중하기 어렵다.
5. 스마트폰 생각이 머리에서 떠나지 않는다.

6. 스마트폰을 이용하고 싶은 충동을 강하게 느낀다.

7. 스마트폰 이용 때문에 건강에 문제가 생긴 적이 있다.

8. 스마트폰 이용 때문에 가족과 심하게 다툰 적이 있다.

9. 스마트폰 이용 때문에 친구 혹은 동료, 사회적 관계에서 심한 갈등을 경험한 적이 있다.

10. 스마트폰 때문에 업무(학업 혹은 직업 등) 수행에 어려움이 있다.

여러분의 스마트폰 의존 상태가 어느 정도인지 궁금하지요? 직접 '스마트쉼센터'(www.iapc.or.kr) 홈페이지에 방문해서 답하고 진단을 받아 보세요.

1년간 스마트폰 안 쓰면 10만 달러 드립니다!

테스트 결과가 어떤가요? "내가 스마트폰 과의존 정도가 심하구나."라는 생각을 꽤 많은 친구들이 할 것 같습니다. 스마트폰 중독은 사실 스마트폰 자체가 아니라 스마트폰으로 이용할 수 있는 콘텐츠에 중독된 거지요. 소셜 미디어, 메신저, 게임이 중독의 주범인 경우가 많습니다. 하지만 뉴스, 날씨, 지도, 대중교통 도착 정보도 얻고, 메일을 확인하거나 각종 멤버십을 모아 두고, 물건도 사고 금융 거래도 하고, 사진과 동영상을 찍는, 그야말로 일상의 모든 활동을 스마트폰이 도와주지 않나요? 현대인에게

3부 미디어 리터러시 근육 키우기

이제 스마트폰 없는 생활은 상상할 수가 없습니다.

그러자 재미있게도 미국의 한 음료 회사는 1년간 스마트폰을 안 쓰면 10만 달러를 준다는 콘테스트를 열었습니다. 10만여 명이 계획서를 제출했고, 심사를 거쳐 한 사람이 후보로 선정되었습니다. 과연 그 사람은 상금을 받았을까요? '스마트폰 없이 1년 살기'가 10만 달러를 걸고 경연 대회를 할 만큼 화제가 되는 세상입니다. 그만큼 스마트폰을 끊기가 어렵다는 이야기겠지요. 우리, 스마트폰 없이는 정말 안 되는 걸까요?

우리 삶은 이제 디지털 환경에 놓여 있습니다. 동영상을 보다 보면 꼬리에 꼬리를 물어 나도 모르게 계속 보고 있지요. 실시간 검색어만 보면 클릭하고, 소셜 미디어와 메신저도 시도 때도 없이 자꾸만 확인하고요. 이러다 보니 손목과 손가락이 저려 오고, 목은 뻐근하고, 눈도 뻑뻑해집니다.

'주간동아'의 정혜연 기자가 일주일간 스마트폰 사용을 줄이는 디지털 다이어트를 하면서 체험기를 올렸습니다.[***] 스마트폰 사용은 하루 1시간으로 제한, 메신저는 2~3시간 단위로 몰아서 확인, 신문과 잡지는 인쇄 매체로 읽기, 퇴근 후 집에서 스마트폰 내려놓기, 주말에 스마트폰 두고 외출하기 등의 원칙을 세우고 일주일을 보냈지요. 결과는 어땠을까요? 하루하루 일지에 적은 스마

*** 정혜연, '지금 스마트폰 보는 너! 다이어트 필요한 때' 스마트폰 잠재적 위험 사용자군 기자의 디지털 다이어트 7일, 주간동아 1143호, 8~11쪽, 2018. 6. 20.

트폰의 유혹에 대처한 방법과 과정도 흥미롭지만 일주일 후 마지막 소감이 인상적입니다. "아침에 눈뜨자마자 밤에 잠들 때까지, 심지어 화장실 갈 때도 꼭 스마트폰을 쥐고 있던 것과 달리 참을 수 있게 된 점이 가장 큰 변화였다. 눈이 침침하고 목이 뻐근하며 머리가 지끈거리는 신체적 피로감도 한결 덜했다." 이 정도면 엄청난 수확 아닌가요?

내가 먼저야, 스마트폰이 먼저야?

MIT 대학의 쉐리 터클 교수가 흥미로운 실험 결과를 내놓았습니다.**** 실험실과 실제 생활 속에서 실험을 했는데 모두 동일한 결과가 나왔습니다. 두 사람이 대화를 할 때 스마트폰을 테이블 위, 눈에 보이는 곳에 두면 대화의 내용과 서로 간 연결된 느낌의 정도가 달라진다는 것입니다. 대화를 하다가 누군가의 스마트폰 화면이 밝아지면 그 사람의 우선순위가 스마트폰으로 옮겨갑니다. 대화 중에 여러분이 스마트폰을 자꾸 들여다보면 상대방도 스마트폰을 들여다보게 되지요. 반대로 상대방이 스마트폰을 보면 여러분도 스스럼없이 스마트폰을 들여다보게 되고요. 스마트폰이 울리지 않아도 그냥 들여다보곤 합니다. 심지어 상대방과

**** Turkle, S., *Reclaiming Conversation: The Power of Talk in a Digital Age*, Penguin Press, New York: NY, 2015.

3부 미디어 리터러시 근육 키우기

대화할 때조차 스마트폰을 바라보면서 말하는 모습도 흔히 볼 수 있어요.

난 진지하게 이야기하는데 상대방은 쳐다보지도 않고 스마트폰을 만지작거리면 기분이 어떤가요? 반대로 상대방이 이야기할 때도 마찬가지입니다. 서로가 내게 신경을 안 쓰는구나, 생각하게 되겠지요. 가장 가까이 있는데 같이 있는 게 아닌 상황이 됩니다. 누군가와 이야기할 때는 스마트폰을 내려 놓으세요. 친구나 가족과 식사할 때는 스마트폰을 호주머니나 보이지 않는 곳에 둬 보세요. 아마 다른 사람들도 그렇게 할 거예요. 상대방을 바라보고 눈을 마주치며 대화하면 상대방도 그렇게 합니다.

만약 여러분이 핸드폰을 안 보이게 치웠는데 다른 사람들은 보이는 곳에 꺼내 두고 있다면 게임을 제안해 보세요. 제일 먼저 스마트폰에 손대는 사람이 벌칙을 받는 걸로요. 아마 손대는 사람이 아무도 없을 것 같네요. 스마트폰은 방 밖에 떨어져 있는 사람들과 연결될 수 있는 위대한 도구입니다. 그러나 지금 이 순간만큼은 방 안에 있는 사람들과의 관계를 도탑게 하는 걸 우선하길 바랍니다.

가족, 친구와 함께 스마트폰 다이어트 도전!

다음은 최승미 한국정보화진흥원 스마트쉼센터 선임 상담사가 제안하는 디지털 다이어트 방식입니다. "목표를 크게 잡지 말고 작은 실천 사항부터 정한 뒤 하나씩 실천해 보라.", "스마트폰에서 콘텐츠나 애플리케이션을 과감히 삭제하고, 알림과 푸시는 오프로 설정하고, 대중교통 이용이나 식사 중일 때는 아예 스마트폰 사용을 금지하라."

여러분도 한번 도전해 볼래요? 혼자서 하기보다 친구들과 같이 내기를 걸고 일주일 정도 도전해 보는 것도 좋을 것 같아요. 미디어 생태학 박사인 수잔 모샤트는 가족이 6개월간 전자 매체의 플러그를 뽑은 채 생활한 경험담을 『로그아웃에 도전한 우리의 겨울』이라는 책으로 묶어 냈습니다. 여러분도 온 가족이 함께 도전해 보세요. 어떻게 할지 잘 모르겠으면 한국정보화진흥원에서 제시하는 가족 디지털 다이어트를 위해 일주일간 지켜야 할 가이드라인을 참고하세요. 친구, 가족과 함께 도전해 보고 어떤 변화가 생겼는지 기록으로 남겨 공유한다면 의미 있는 일이 될 것 같습니다. 여러분의 디지털 다이어트 도전기를 책으로 내도 좋겠네요.

외국의 17세 청소년이 스마트폰에서 소셜 미디어 애플리케이션을 모두 지우고 생활한 체험담도 흥미롭습니다.[*****] 이 청소년은 또래와의 관계에서 소셜 미디어의 존재에 대해 이야기를 시작하는데, 소셜 미디어를 안 하면 아웃사이더이고 뭔가 유별나고 이상한 아이로 취급받는다는 겁니다. 하지만 소셜 미디어를 끊고도

[*****] Simon, C., 'I'm 17 And I Deleted All My Social Media, Here's What Happened', https://medium.com/@whenifeellike/what-ive-learnt-as-a-17-year-old-who-deleted-all-social-media-d282274d4edd, 2017. 4. 30.

3부 미디어 리터러시 근육 키우기

친구들과 잘 지내는 데는 아무 문제가 없었다고 해요. 오히려 이제 글이나 사진을 올리느라 요란 떨지 않아도 되고, '좋아요'를 몇 개 받았는지 확인 안 해도 되고요.

이 친구는 문득 소셜 미디어에 시간을 빼앗겼다는 생각에 자신이 잃어버린 시간을 계산해 봤대요. 하루에 보통 세 시간을 매달렸고 4년 반 동안 썼으니 3×4.5×365=4927, 자그마치 4927시간입니다. 날짜로 계산하면 205일입니다. 17년을 살았는데 그중에 205일을 소셜 미디어에 써 버렸네요. 이 시간 동안 다른 일을 했더라면 뭔가 하나는 성취했을 거라고 아쉬워하며 이런 말을 합니다. 중국 속담인 "나무를 심기 가장 좋은 때는 20년 전이었다. 두 번째로 가장 좋은 시기는 바로 지금이다." 지금 시작하는 것이 안 하는 것보다 낫다는 겁니다.

소셜 미디어 애플리케이션을 완전히 지우고 나서 그의 생활은 이렇게 바뀌었대요.

첫째, 어린아이 때로 돌아간 것 같다. 남 눈치 안 보고 창의적이 되었다. 소셜 미디어를 쓸 때는 남들이 나를 어떻게 생각할지 강박 관념처럼 신경이 쓰였다. 결국 내 생각대로 말하고 행동하기보다는 남들에게 잘 보이기 위해 나 자신을 맞춘 것 같다. 둘째, 시간이 많아졌다. 예전엔 뭐 하나를 하려 해도 시간이 부족하게만 느껴졌다. 운동할 시간은 엄두도 못 냈다. 사실은 스마트폰이 내 시간을 먹고 있었다. 셋째, 열등감을 극복했다. 페이스북 피드에서 글들을 읽다 보면 나도 저러고 싶다, 정말 운이 좋은 친구네, 하는 소리가 계속 나왔다. 이젠 더 이상 남들과 비교하며 나 스스로를 괴롭히지 않는다. 넷째, 체형이 근사해졌다. 소셜 미디어를 그만두고 석 달간 체중을 확 줄였다. 매일 운동하는 시간이 생긴 덕분이다. 다섯째, 누가 진짜 친구인지 알게 되었다. 소셜 미디어를 끊고 친구 80퍼센트가 없어졌다. 덕분에 진짜로 서로 아끼고 존중하고 필요할 때 찾을 수 있는 친구들이 누군지 알게 되었다. 여섯째, 작은 것에 감사하기 시작했다. 왜 그런지는 모르겠다. 아마도 삶의 속도도 느려졌고 뭔가 다른 시각에서 바라보기 시작했기 때문일 것이다. 사람들이 내게 해 준 것에 대해 감사하게 느껴졌고 특히 엄마에게 감사하고 있다. 예전엔 왜 엄마에게 신경을 못 쓰고 감사해하지 않았을까. 일곱째, 나는 '진짜 세상'을 만났다. 소셜 미디어에 중독되어 있을 때 나는 세상과 연결되었지만 '진짜 세상'과는 떨어져 있었다. 소셜 미디어를 그만두면 방 안에만 갇혀서 세상 돌아가는 것을 모르는 사람이 되지 않을까 싶어 겁이 났다. 그런데 정작 소셜 미디어를 끊고 나서 알았다. 이제야 내가 갇힌 방에서 나와 진짜 세상에서 살고 있다는 것을.

이 친구는 지금까지 자기가 한 일 중 가장 잘한 것이 바로 소셜 미디어를 끊은 것이라고 말합니다. 가족에게 더 다가갈 수 있게 되었고, 공부에 몰두하게 되었고, 건강하게 먹고, 자주 운동하고, 원하는 대로 책 읽을 시간도 생겼답니다. 인생에서 정말 중요한 것은 가족과 친구들과 함께 보내는 시간이지, 소셜 미디어에서 '좋아요' 숫자나 신경 쓰고, 남의 글과 사진을 보는 게 아니라는 걸 알게 됐다고 해요. 그리고 마지막으로 전한 당부는 "이제 그만 스마트폰을 꺼라."였습니다.

스마트폰 프리 선언을 위한 실천 강령 3가지

스마트폰을 아예 버릴 수는 없을 겁니다. 현대 사회에서 스마트폰으로 얻는 혜택이 많으니까요. 세상을 바꾼 다양한 비즈니스 혁신도 스마트폰이 있어서 가능했고요. 하지만 과도한 사용으로 인해 개인적, 사회적으로 많은 문제가 발생하고 있습니다. 스마트폰에서 눈을 떼지 않아 부모님께 꾸지람을 듣는 경우는 흔하고, 밤늦도록 소셜 미디어나 메신저에 매달려 잠이 부족해 허덕이기도 하지요. 길을 걸으면서 스마트폰을 하다가 다치기도 하고 심지어 맨홀에 빠지거나 차에 부딪혀 목숨을 잃은 사례도 있고요. 스마트폰 중독 예방과 치료를 위해 국가도 나섰습니다. 그만큼 심각한 문제가 벌어지고 있다는 거지요.

여러분이 더 이상 스마트폰의 덫에 빠지지 않도록 몇 가지 실천 강령을 제안해 볼게요. 먼저 스마트폰으로부터 자유로운 시간과 공간을 정해 보세요. 최소한 식사 시간에는 스마트폰을 멀리하고 친구, 가족과 대화하며 식사하세요. 잠자리에 들기 한 시간 전 혹은 밤 몇 시 이후에는 스마트폰을 하지 않는 것을 원칙으로 정하세요. 건강한 생활을 위해 양질의 수면은 가장 필수적인 요소입니다. 학교와 대중교통, 침실과 같은 스마트폰 해방 지구 선언도 필요합니다. 스마트폰에서 벗어나서 온전히 나에게 집중할 공간 말이에요.

소셜 미디어와 메신저 사용을 줄이는 것도 필요합니다. 소셜 미디어는 시간을 정해 두고 몇 차례만 확인하고, 메신저도 분명하고 급한 목적이 있는 경우에만 이용하세요. 알림 기능을 꺼 두면 도움이 됩니다. 사실 알림이 안 와도 소셜 미디어를 들여다본다면 이미 중독 상태입니다. 알림은 당장 확인하지 않아도 거기에 그대로 남아 있습니다. 하지만 눈앞에서 벌어지고 있는 현실 세계는 바로 그 순간을 놓치면 영원히 지나가 버린다는 걸 잊지 마세요.

마지막으로 스마트폰에서 불필요한 애플리케이션은 삭제하세요. 스마트폰을 이용하다 보면 호기심에 받아 둔 애플리케이션이 점점 늘어나곤 하죠. 사용하지 않더라도 알림이 와서 스마트폰을 바라보게 합니다. 한 달 동안 사용하지 않았다면 삭제하는 게 좋습니다. 또 내가 너무 과하게 이용해서 지배당하는 것 같은 애플리케이션도 과감하게 삭제해 보세요. 스마트폰도, 여러분의 삶도 한결 가벼워질 거예요. 여러분이 스마트폰의 주인일 때 스마트해지는 겁니다. 스마트폰에 끌려다니는 노예가 되지 않기를 바랍니다.

깨어 있는 미디어 주인 되기

조지타운대학 컴퓨터공학과 교수인 칼 뉴포트는 『디지털 미니멀리즘』에서 디지털 기술을 사용하는 사람들이면 숙고해 봐야 할 조언과 관점을 제공한다. 사람들이 스마트폰과 소셜 미디어에 지나칠 정도로 빠져드는 이유는 게으르기 때문이 아니고 기술의 설계 때문이라고 그는 말한다. 기술 기업들이 수십억 달러를 투자해 이용자들의 심리와 반응 체계를 연구하고 취약점을 공략해 디지털 기술에 빠져들게끔 한 전략의 결과라는 얘기다. 정보 기술 전문가로서 그가 제시하는 디지털 기기 사용법은 기술을 외면하거나 버리자는 주장이 아니다. '미니멀리즘'이다. "작은 것이 아름답다."는 슈마허의 말처럼, 디지털 기술 사용에서도 더 적은 게 더 낫다는 얘기다. (한겨레신문, 2020.1.5)

미니멀리즘은 잡다한 물건을 다 쌓아 놓지 말고 정리해서 꼭 필요한 것만 두자는 문화적인 흐름입니다. 할 일도 많고 복잡한 세상에서 '더하기'보다는 '덜어내기'가 중요하다는 이야기가 설득력 있게 다가옵니다. 일상에서 디지털 기기 이용을 최소화하자는 것이 디지털 미니멀리즘입니다. 디지털 디톡스 혹은 디지털 다이어트를 통해 오프라인에서의 소소한 즐거움과 따뜻함을 나눌 수 있기 때문이겠지요. 현대인이 디지털 과부하에서 벗어나기 어

3부 미디어 리터러시 근육 키우기

려운 가장 큰 이유는 바로 손에 쥐어진 스마트폰 때문일 겁니다. 여러분의 스마트폰 이용을 돌아보고 디지털 다이어트를 시도해 보면 어떨까요? 오늘부터라도 아래 활동들을 통해 시작해 보면 좋겠습니다.

깨미주 1

오늘 하루 스마트폰 이용 점검 일지를 적어 보세요. 하루 24시간 동안 언제, 얼마나, 어떤 애플리케이션을 썼는지 1순위부터 5순위까지 기록해 보세요. 여러분의 스마트폰 이용 현황을 점검해 보면 과도한 활동이 무엇인지 알 수 있을 겁니다. 친구나 가족에게도 일지 적기를 권유해서 결과를 비교해 보고 이에 대해 토론해 보세요.

깨미주 2

디지털 다이어트에 도전해 보세요. 스마트폰 이용 점검 일지를 적다 보면 내가 이렇게까지 스마트폰을 써야 하나 싶은 생각이 들 겁니다. 일주일간 지침 사항을 정해 두고 실천해 보세요. 친구, 가족과 함께 한다면 더 큰 효과를 볼 수 있을 거예요.

깨미주 3

디지털 다이어트 경험담을 기록으로 남기고 공유하세요. 친구나 가족의 경험담과 함께 묶어 소셜 미디어에 올려 보세요.

7장

십 대,
미디어의 주인 되기

미디어 리터러시

여러분이 이 책을 여기까지 죽 읽었다면 깨어 있는 미디어 이용자로서 충분한 자질을 쌓았다고 생각합니다. 이 장에서는 미디어 리터러시를 소개하면서 다시 한번 중요한 점을 강조하려 합니다. 여러분이 깨어 있는 미디어 이용자에서 더 나아가 미디어 리터러시를 논의하고 가르칠 수 있는 전문가로 발돋움했으면 합니다.

하루에 쏟아지는 동영상 콘텐츠는 58만 시간, 동영상을 보는 데 걸리는 시간은 2만 4000시간이라고 합니다. 누구나 쉽게 정보를 생산하고 확산시킬 수 있는 1인 미디어 시대니까요. 검증되지 않은 정보들이 새로운 기술과 결합해 대거 유통되기도 합니다. 그 과정에서 우리는 정보의 과부하에 시달리게 되고, 그 정보가 진실인지 거짓인지도 분별해 내야 합니다. 이렇게 정보가 넘쳐나고 진실과 거짓, 진짜 뉴스와 허위 조작 정보를 구별하기 어려운 시대에 우리는 어떻게 해야 올바른 정보를 선택하고 활용하는 미디어의 주인공이 될 수 있을까요?

미디어 리터러시, 읽고 쓰고 만들고 유통하고 소통할 수 있는 능력

'미디어 리터러시'(media literacy)라는 말을 어디선가 한번쯤은 들어 봤을 겁니다. 리터러시는 우리말로 문해력(文解力), 즉 '읽고 쓸 수 있는 능력'입니다. 리터러시는 라틴어 '리터라투스'(literatus)라는 단어에서 파생되었는데 고대에는 문학에 조예가 깊은 학식 있는 사람, 중세에는 라틴어를 읽을 수 있는 사람으로 정의되었어요. 종교개혁 이후에는 자신의 모국어를 읽고 쓸 수 있는 능력을 가진 사람이라는 의미로 쓰였답니다.

이렇듯 문맹에서 벗어나 읽고 쓸 수 있는 능력을 의미하는 단어 '리터러시' 앞에 여러 가지 단어가 붙어 최근에는 미디어 리터러시, 디지털 리터러시, 뉴스 리터러시, 정보 리터러시, 알고리즘 리터러시, 게임 리터러시, 유튜브 리터러시 등 다양한 용어들이 쓰이고 있습니다. 리터러시란 용어도 시대의 변화와 사회적 요구에 따라 그 범위가 계속 확장되면서 개념 자체가 진화하고 있는 거지요. 미디어의 개념을 디지털 수단을 통한 정보와 오락의 유통

3부 미디어 리터러시 근육 키우기

과 소비로 본다면, 결국 미디어 리터러시는 다양한 세부 유형의 리터러시를 아우르는 개념이라고 할 수 있습니다.

미디어 리터러시, 말 그대로 풀이하자면 미디어를 읽고 쓸 수 있는 능력입니다. 미디어를 읽는다고 하니까 어색하게 들릴 수 있지만, 이는 미디어를 비판적이고 분별력 있게 이해하는 것을 의미합니다. 미디어를 쓴다는 것은 미디어를 활용해 능동적으로 내 생각을 표현하고, 다른 사람들과 소통하는 능력을 뜻하고요. 종합하면 미디어 리터러시는 '미디어를 이해하고 활용할 수 있는 능력'이라고 풀이할 수 있습니다. 영국에서는 미디어 리터러시를 '미디어에 접근하고 미디어를 분석, 평가, 창조하는 능력'으로 정의했고, 최근에는 이에 더해 '사회적 참여 역량'과 '문화적 이해 역량'을 강조하고 있습니다.

그러니까 비판적으로 신문 읽기, 텔레비전 보기, 유튜브 이용하기에서부터, 능동적으로 내가 직접 미디어 콘텐츠를 만들고 유통시키며 다른 이용자들과 소통하고 공유하는 것까지 모두 미디어 리터러시에 포함이 됩니다. 미디어를 이용하고 또 내가 직접 생산하는 과정에서 주인 의식, 비판 의식, 책임 의식까지 생각해야 하는 것이지요. 텔레비전과 인터넷을 이용하는 데 무슨 의식이 필요하냐는 의문이 생길 수도 있습니다. 더구나 이 문제를 우리가 일상적으로 사용하는 소셜 미디어에까지 확대 적용해야 한다고 하면 개인적인 공간에서까지 복잡하고 고리타분한 교육을 받는 것 같아 반감이 생길 수도 있겠네요.

그런데 다시 한번 생각해 보면, 페이스북이나 카카오톡이 결코 개인적인 공간만은 아니라는 걸 우리는 이미 알고 있습니다. 소셜 미디어, 소셜 네트워크 사이트 등 이름 자체에 '소셜'이라는 단어가 들어가 있습니다. 여기에서 주고받는 내용들은 누군가가 본다는 것을 전제로 하는 것이고, 친구들과 개인적으로 주고받은 메시지라 하더라도 쉽게 복제와 전파가 가능하기 때문에 소셜 미디어에서 정보를 생산하고 공유하는 행동에도 책임감과 주의가 필요합니다. 우리가 비판적으로 분별하여 이용해야 할 정보의 영역이 광범위해지고 있는 것이지요.

미디어 리터러시가 가려내 주는 것들

옛날에는 정보가 부족해서 문제였는데 이제는 정보 과잉의 시대입니다. 정보가 너무 많아 숨이 막힐 정도인데 가짜 뉴스까지 등장하면서 심각한 사회 문제를 일으키고 있습니다. 가짜 뉴스는 불량 식품과 같습니다. 제대로 된 식품 제조사가 아닌 곳에서 몸에 좋지 않은 성분까지 넣어 불량 식품을 만들어 냅니다. 분명히 몸에는 해로운데 값도 싸고 맛있어서 손이 가지요. 가짜 뉴스도 이와 마찬가지입니다. 취재도 하지 않고 여기저기서 글을 끌어모아 짜깁기하거나 이야기를 만들어 내서 존재하지도 않는 언론사와 기자 이름까지 집어넣습니다. 전형적인 불량 식품, 아니 불법 식품입니다.

언론사의 기사들은 기자가 취재한 사실을 바탕으로 작성하다 보니 정보가 제한적일 수밖에 없습니다. 반면, 가짜 뉴스는 충격적이고 자극적인 추측과 음모로 뭉친 '카더라' 통신을 전해서 귀가 솔깃해지게 만들지요. 더구나 몹시 그럴듯해서 댓글과 소셜 미디어를 통해 재빨리 퍼져 나갑니다. 자꾸 접하다 보니 아예 사실이라고 믿어 버리게 되지요.

미디어 리터러시 역량을 키우기 위해 우리는 기술과 더 친해져야 합니다. 고도의 기술을 적용한 허위 정보나 알고리즘 추천의 문제점 등을 우리가 인지하고 있어야 한다는 뜻입니다. 스마트폰 애플리케이션만으로도 누구나 쉽게 합성 사진이나 조작 동영상을 만들 수 있는 환경이 되었습니다.

2020년 1월, 신종 코로나 바이러스에 대한 염려가 커져 가는 상황에서 인터넷 커뮤니티와 메신저를 통해 뉴스 하나가 빠른 속도로 확산됐습니다. '[속보] 수원의 한 고등학교에서 다섯 번째 코로나 바이러스 확진자'라는 제목의 기사입니다. 보충 수업 도중 쓰러진 학생을 근처 병원으로 데려가 바이러스 검사를 받았고, 양성 반응이 나와 격리 중이라는 구체적인 내용까지 나왔습니다. 캡처한 화면에는 지상파 방송사의 로고가 있고, 대책을 논의하는 정부 관계자들의 사진과 함께 기사 입력 시간까지 명기되어 있어 정말 그 방송사의 뉴스처럼 보입니다. 하지만 이는 가짜 뉴스로 밝혀졌습니다. 실제 기사에서 로고와 사진을 가져오고, 제목과 내용은 허위로 작성한 뒤 합성해서 만든 것이었죠. 이 가짜 뉴스의 작

7장 십 대, 미디어의 주인 되기

성자는 고등학생 두 명이었습니다. "친구와 함께 장난삼아 가짜 뉴스를 만들었고 단체 카톡방에 공유했다."는 겁니다. 하지만 장난으로 여겨 그냥 넘기기엔 너무 많은 사람들을 불안에 떨게 했습니다.

물론 언론사가 만들어 내보내는 뉴스라고 해서 모두 정확한 것은 아닙니다. 불공정한 보도도 있고, 왜곡 보도도 있고, 오보도 있지요. 그러나 처음부터 의도를 가지고 거짓 정보를 조작해 만들어 유포하는 가짜 뉴스와는 반드시 구별해야 합니다.

우리나라는 뉴스를 실을 수 있는 언론사를 외부 평가 위원회에서 선정하기 때문에 가짜 언론사의 가짜 뉴스가 포털에서 유통되기는 어렵습니다. 반면, 허위 정보는 아무런 거름망 없이 소셜 미디어와 메신저를 통해 확산되기 때문에 더 심각한 문제입니다. 댓글과 공유 역시 아무런 제한이 없고요. 확인도 되지 않은 루머거나 사실에 기반하지 않고 일방적으로 한쪽의 입장만을 두둔하는 이야기들이지요. 가짜 뉴스와 허위 정보는 사회를 혼란에 빠뜨리고 특정 개인과 특정 집단에 대한 오해와 혐오를 불러일으킵니다. 분별력 있는 정보 선택이 과거 어느 때보다 중요한 시기입니다.

미디어 리터러시로 확증 편향 벗어나기

요즘 많이 이용하는 유튜브의 몇몇 채널에서 허위 조작 정보들을 목격하게 됩니다. 어떻게 저런 말도 안 되는 이야기를 하냐며 믿지 않는 사람들도 있지만, 다른 한편에서는 그 말도 안 되는 이야기를 진실이라 믿습니다. 정보를 내보내는 사람은 하고 싶은 이야기만 하고, 이를 이용하는 사람들은 보고 싶은 내용만 보는 것이지요. 앞서 설명했던 '확증 편향' 현상, 기억하지요? 사람들은 누구나 자신이 원래 가지고 있는 생각이나 신념을 확인하려는 경향성을 가지고 있습니다. 그래서 자신의 신념이나 생각을 지지해 주는 정보들을 편향적으로 이용하는 거지요. 내가 틀린 게 아니라는 것을 허위 정보를 통해 확인하고, 비슷한 생각을 가진 사람들끼리 공유하면서 내 생각을 더 굳히는 과정을 되풀이합니다. 내 생각이 틀릴 리 없다고 확신하는 겁니다. 여러분은 이 같은 확증 편향으로 인한 그릇된 믿음에서 허위 정보를 진짜로 생각했다가 배신당한 적이 없나요?

이러한 소용돌이에 빠지지 않기 위해 필요한 것이 미디어 리터러시입니다. 허위 정보에 대한 분별력은 단기간에 키우기 어렵습니다. 그렇지만 도움이 될 만한 가이드라인을 알고 있다면 적어도 허위 정보의 소용돌이에 빠지지는 않겠지요. 영국의 공영 방송사 BBC, 미국의 포인터연구소, 우리나라의 정보화진흥원과 같은 공공 기관 등에서는 관련 가이드라인을 만들어서 발표해 왔습니다. 공통된 항목 몇 가지만 소개해 보면, 우선 정보를 제공한 곳이 어디인지 출처를 확인하고 이 정보가 왜 나왔는지 생각해 보기, 내용과 관련된 추가 정보 확인하는 습관 기르기, 어느 한쪽의 입장을 일방적으로 대변하는 내용인지 의심해 보기 등입니다. 불량 식품을 계속 먹으면 배탈이 나게 마련입니다. 식품 제조사도 확인하

　　　　　　　　7장 십 대, 미디어의 주인 되기

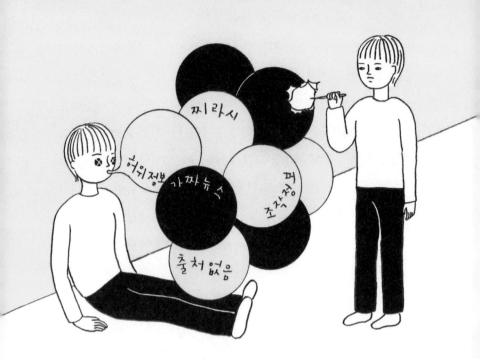

고 유통 기한도 확인해야 하지요. 성분도 살펴봐야 하고요. 제조
사도 유통 기한도 성분 표기도 없다면 불량 식품일 가능성이 높습
니다. 상식적, 논리적으로 볼 때 문제가 없는지 확인해 봐야 해요.

가짜 뉴스 골라내기를 넘어서 좋은 기사 평가하기

미디어 리터러시는 가짜 뉴스와 허위 정보를 가려내는 것에 그
쳐서는 안 됩니다. 불량 식품을 먹지 않아야 하는 것은 당연한 일
이고, 더 중요한 건 정식으로 판매되는 식품 중에서도 더 영양가

있고 몸에 좋은 음식을 먹어야 한다는 점이지요.

좋은 음식은 어떻게 판별할까요? 부모님이 차려 주는 음식을 생각하면 될 것 같아요. 부모님은 신선한 재료를 고르기 위해 요리조리 비교해 보고, 좋은 양념으로 정성껏 요리를 해서 식탁에 내놓으시지요. 부모님도 여러 정보를 취합하고 경험 속에서 배워 오셨을 거예요. 유네스코는 리터러시를 고정된 일련의 능력 모음이고 배움의 과정이라고 정의한 바 있습니다. 뉴스를 비롯한 미디어 콘텐츠를 소비하는 것도 마찬가지입니다. 좋은 콘텐츠를 찾기 위한 노력과 경험이 필요합니다.

가장 중요한 정보 전달 매체 중 하나인 뉴스를 예로 들어 보겠습니다. 기자가 쓴 기사라고는 되어 있는데 소셜 미디어에 누군가 게시한 글을 따옴표로 가져와서 그대로 전한 게 전부입니다. 그렇다면 그 말은 사실 검증이 된 건가요? 글을 올린 사람을 만나 취재를 한 건가요? 올린 글에 언급된 사람의 입장은 들어 본 건가요? 제대로 따져 봐야 합니다.

드라마 한 편이 끝날 때마다 줄거리를 쭉 쓴 게 기사의 전부인 경우도 많습니다. 제목을 보고 관심이 가서 읽었는데 제목과는 아무런 상관이 없는 이야기라서 당혹스러웠던 경험도 있을 겁니다. 언론사의 이름을 달고 기자라는 직함을 가지고 썼다는 것만으로 좋은 기사라고 말할 수 없는 이유입니다. 기사에서 취재원은 밝히고 있는지, 밝혔다면 취재원이 누구이고 그 사람은 신뢰할 만하고 전문성을 띤 사람인지 주의 깊게 보아야 합니다. 기사 제목에 왜

7장 십 대, 미디어의 주인 되기

곡이나 과장은 없는지, 본문과 관련 있고 함축성 있는 제목인지도 확인해 봐야 하지요.

기본적인 사실 확인 관계를 넘어 더욱 중요한 것은 기사의 이면을 읽어 내는 역량입니다. 이 기사는 중요한 사회적 문제를 다루고 있는지, 어떤 의도로 쓴 건지, 지금 시점에 이 기사가 나온 배경은 무엇이고 해당 언론사와 보도 대상 사이에 광고나 협찬 등의 이해관계가 얽혀 있는 것은 아닌지 고려해 보아야 합니다. 또한 사진이나 기사의 프레임은 어떠한지, 인용된 통계나 그래픽이 한쪽의 입장을 대변하기 위한 근거 자료로 쓰인 것은 아닌지도 분석해 봐야 기사에 담긴 이면을 알 수 있습니다. 다음의 분석 틀을 가지고 기사를 분석해 보세요. 제시된 질문들을 던지고 답을 찾는 훈련을 해 보기 바랍니다.

미디어(뉴스) 리터러시를 위한 체크리스트

확인 사항		질문
뉴스 이해하기	생산자	• 이 뉴스를 작성한 사람은 누구인가요? • 작성자가 언론인이 아니라면 어떤 사람(직업, 역할 등)인가요? • 이 뉴스의 발행 기관(언론사 등)은 어디인가요? • 생산자는 왜 이 뉴스를 만들었을까요?(뉴스 가치)
	구성 요소	• 이 뉴스의 제목은 무엇인가요? • 이 뉴스에 등장하는 취재원은 누구인가요? • 이 뉴스에 포함된 시각 자료(사진, 영상, 그래픽, 통계 자료 등)의 내용은 무엇인가요? • 이 뉴스는 육하원칙에 맞게 작성되었나요?

	의미 구성	• 이 뉴스의 제목에서 강조되는 내용은 무엇인가요? • 뉴스에 포함된 사진이나 이미지가 강조하는 내용은 무엇인가요? • 이 뉴스의 핵심 내용은 무엇인가요? • 이 뉴스에 포함된 편견이나 고정 관념이 있나요?
	이용자	• 누가 이 뉴스에 관심을 가질 것 같나요? • 이 뉴스에서 제기한 주장에 동의하나요? 다른 사람들은 이 문제를 어떻게 생각할까요? • 이 뉴스를 다른 사람들과 공유하고 싶나요? 공유하고 싶다면 왜, 누구와 공유할 것인가요?
뉴스 평가하기	신뢰성	• 작성자는 믿을 만한가요?(작성자 이름, 소속 등 명시) • 취재원은 믿을 만한가요? 　(취재원 명시, 취재원의 전문성과 다양성 등) • 인용된 자료가 믿을 만한가요?(검증된 자료 등) • 취재 과정은 믿을 만한가요?(직접 취재, 사실 관계 확인) • 작성자(언론사)가 보도 대상과 이해관계가 있나요? • 추측에 근거한 보도 내용이 있나요?
	완전성	• 제목이 보도 내용을 잘 반영했나요? • 사건의 내용을 이해하는 데 필요한 정보를 충분히 제공하고 있나요? • 사건의 배경, 원인, 대안 등 심층적인 정보를 제공하고 있나요? • 한쪽의 입장이나 주장만 제시했나요? • 해당 사안에 대한 당사자의 입장을 반영했나요? • 사회적 약자나 소수의 입장을 고려하고 있나요?
	유용성	• 중요한 사회적 문제를 다루고 있나요? • 사회 구성원으로서 알아야 할 규범이나 사회적 가치 등을 이해하는 데 도움이 됐나요? • 개인적 관심이나 필요한 정보를 얻는 데 도움이 됐나요? • 자신의 의견을 형성하는 데 도움이 됐나요? • 주변 사람과의 대화나 토론에 도움을 주나요?

출처: 『스마트 미디어 시대의 뉴스 분석법』,
한국언론진흥재단(2017)

미디어 리터러시를 넘어 데이터 리터러시로

지금까지의 미디어 리터러시는 신문 읽기 교육이나 비판적으로 텔레비전·영화 보기가 중심이었습니다. 이제는 기술 발전의 속도와 범위에 맞게 미디어 리터러시의 영역도 확장되어야 합니다. 인공지능 알고리즘의 추천 시스템이 편리하긴 하지만 내 의도와 상관없이 다양한 의견과 정보, 콘텐츠를 접할 기회를 차단하는 것일 수도 있습니다. 그리고 더 큰 문제는 우리가 알고리즘이 중립적이고 객관적이라고 믿는다는 것이지요. 사람이 배열하고 추천하는 뉴스보다 알고리즘이 추천하는 뉴스가 더 공정하다고 믿기도 합니다.

과연 그럴까요? 알고리즘에도 그 알고리즘을 만든 인간의 편견과 이해관계가 반영되기 때문에 비판적으로 생각해 봐야 합니다. 알고리즘은 결국 데이터가 축적되어야 기능을 발휘합니다. 여러분이 콘텐츠를 이용한 기록들이 데이터로 쌓이고 그것을 토대로 예측을 하는 거지요. 그래서 인공지능 시대에 미디어를 제대로 이용하기 위해서는 데이터에 대한 이해가 필요합니다. '미디어 리터러시'가 '데이터 리터러시'로 확장되어야 하는 이유입니다.

미디어 리터러시가 미디어를 이해하고 활용할 수 있는 역량이듯, 데이터 리터러시는 데이터를 이해하고 활용할 수 있는 역량을 의미합니다. 데이터 리터러시 역량을 키우기 위해서는 무엇을 해야 할까요? 통계를 공부하고 컴퓨터 언어로 코딩하는 방법을 배워야 할까요? 미디어 리터러시가 전문 콘텐츠 제작자를 키우는 것이 아니듯이 데이터 리터러시도 컴퓨터 프로그래머를 키우는 것이 아닙니다. 데이터 리터러시의 출발점에서 종점까지 관통하는 키워드는 호기심과 창의성입니다. 질문을 던지고 새로운 아이디어를 생각해 낼 수 있어야 합니다. 누가, 어떤 데이터를, 어떤 방식으로, 왜 수집하는 걸까? 우리의 데이터를 가지고 무슨 일을 하는 걸까? 내가 좋아할 만한 콘텐츠를 추천해 주고 가는 곳마다 거기에 맞는 광고가 따라붙는 건 어떻게 가능한 걸까? 유튜브나 구글, 넷플릭스, 페이스북, 네이버와 같은 디지털 기업을 생각해 보세요. 거대한 부와 막대한 영향력에 대한 성공 비즈니스 방정식으로 그들의 데이터 수집과 분석 역량을 이야기하지만 정작 그들이 나의 의사와 무관하게 데이터를 수집하고 분석해서 기업의 이윤을 위해 활용하는 건 옳은 일일까요? 이와 같은 문제의식을 가지고 사회적 해결책을 찾아 나가려는 노력이 바로 데이터 리터러시의 역량입니다. 디지털과 모바일이 미디어 이용을 주도하고 있는 시대에 데이터 리터러시도 미디어 리터러시로서 함께 다루어져야 합니다.

콘텐츠 생산자로서 알아 두어야 할 미디어 리터러시

이제 우리는 미디어를 단순히 소비만 하는 것이 아니라 미디어의 생산에도 직접 참여합니다. 미디어 생산자로서 반드시 알고 있어야 할 문제가 저작권입니다. 저작권은 저작물을 창작한 사람에게 권리를 주어 보호하기 위한 제도입니다. 누가 저작권자이고 그 권리가 무엇인지 알아 두면 '어떤 경우에, 누구에게 허락을 받아야 하는지', 또 권리자 입장에서는 '어디까지가 권리를 행사할 수 있는 범위인지'를 알 수 있습니다.

과거에 미디어 관련 저작권법은 주로 출판사나 신문사, 방송사에 해당되는 이야기였습니다. 하지만 1인 방송과 소셜 미디어, 메신저 이용이 확산되면서 저작권 문제로 논란이 되는 사례가 속출하고 있습니다. 우 모 씨는 다섯 살짜리 딸이 손담비의 노래 〈미쳤어〉를 부르며 춤추는 53초 길이의 동영상을 블로그에 올렸습니다. 저작권 협회는 해당 동영상이 저작권을 침해했다며 삭제를 요청했고, 이에 따라 포털은 동영상을 내렸습니다. 우 씨는 저작권 침해가 아니라고 주장하며 동영상을 다시 올려 달라 요청하면서 결국 법정으로 사건이 넘어갔지요. 인터넷 동영상의 저작권 문제로 논란이 됐던 사례입니다.

해외에서도 한 음반사가 자사의 노래 1만 곡 이상을 무단으로 이용했다며 음악 플랫폼 스포티파이를 대상으로 16억 달러(약 1조 9000억 원)를 배상하라는 소송을 냈습니다. 미국 음반 협회는 노래를 불법 다운로드받았다며 초등학생부터 70대 노인에 이르는 개인들을 상대로 소송을 내기도 했고요. 유튜브도 저작권 침해에 대응하기 위해 자체적으로 위반에 해당되는 동영상을 걸러 내느라 여념이 없습니다.

여러분은 직접 영상물을 올리지 않았으니 저작권법과 무관하다고 생각할지 모르지만 불법으로 다운로드받고 공유하는 것도 저작권법을 위배하는 것입니다. 비영리 목적이라 하더라도 마찬가지입니다. 개봉 중인 영화나 출간된 소설, 만화책 파일을 무료로 인터넷에 올리거나 공유하더라도 저작권자는 큰 피해를 입게 되지요. 잘 몰라서 그랬다는 답변이나 돈을 물어 주는 것으로 끝나는 게 아니라 형사적 책임을 질 수도 있습니다. 저작권에 대해 알아야 하는 것은 누군가의 저작물 권리를 침해하지 않기 위해서기도 하지만 여러분이 만든 창작물에 대한 권리를 지키기 위해서도 필요합니다. 고의 또는 이윤을 얻기 위함이 아니더라도 인식과 지식의 부족으로 누구나 저작권을 침해할 수 있습니다.

"내가 직접 연예인 사진을 찍었다면 저작권자는 나니까 마음대로 소셜 미디어에 올려도 되지요?", "영화의 일부 장면을 이용하고 싶을 때 극작가, 감독, 촬영 감독, 배우, 영화사 등 수많은 사람들에게 각각 허락을 받아야 하나요?", "일반인이 소셜 미디어에 공개한 사진은 사진작가의 사진도 아니고 누구나 볼 수 있도록 공개한 사진이니까 그냥 써도 별문제 없지요?", "게임 방송을 하고 있는데 게임 홍보에도 많은 도움을 주고 있으니 저작권 문제가 발생하지 않겠지요?", "질병관리본부의 홍보 포스터에 마블 캐릭터가 이용된 것을 보았는데요, 공익적 목적이면 캐릭터를 허락 없이 이용해도 되나요?" 등등 저작권 침해와 관련해 흥미로운 질문들이 많습니다. 답이 궁금하지요?

법 문제는 상황에 따라 해석을 달리할 수 있지만 타인의 저작물을 인터넷에 올릴 때는 사전에 저작권자에게 허락을 받는 것이 원칙입니다. 문화체육관광부와 한국저작권위원회가 함께 펴낸 『1인 미디어 창작자를 위한 저작권 안내서』에 일상생활에서 부딪힐 수 있는 저작권 위반 사례가 잘 정리되어 있습니다. 이와 같은 질문 사례들을 제시하고 상세한 답을 안내해 주고 있어 큰 도움이 될 거예요.

또한 다른 사람이 나의 저작권을 침해하는 경우에 나의 권리를 보호받을 수 있는지에 대해서도 사례를 제시합니다. 내가 만든 유튜브 동영상을 저작권 등록하지 않았다면 저작권이 없는 건지, 네 살짜리 딸이 그린 그림을 누군가 허락 없이 캡처해서 올렸다면 문제 삼을 수 있는지, 내 동영상 일부를 소셜 미디어에서 게시했다면 저작권 침해를 주장할 수 있는지와 같은 창작자로서의 권리에 대해서도 사례별로 안내하고 있습니다.

미디어 리터러시를 통해 좋은 콘텐츠를 생산하는 법

이쯤 되면 남들이 만든 건 아무것도 쓰면 안 된다는 건가 하는 의문이 들지요. 물론 저작권 위반의 염려 없이 이용할 수 있는 경우도 있습니다. 저작권자가 미리 허락의 의사를 밝힌 경우와 '자유 이용 허락 표시'(CCL: Creative Commons License)가 붙어 있는 경우입니다.

미디어에 휩싸여 끌려가는 삶이 아닌 내가 주인공으로 미디어를 활용하며 살아가는 데에 미디어 리터러시 역량만으로는 충분하지 않습니다. 하지만 미디어 리터러시가 확산되지 않는다면 가짜 뉴스와 허위 정보, 각종 유해 콘텐츠는 더욱 난무하게 되고, 질 높은 기사와 콘텐츠를 잃게 됩니다. 여러분이 제작자가 되어 올리는 좋은 콘텐츠도 묻혀 버립니다. 정부의 규제 노력만으로 문제가 되는 콘텐츠를 모든 사이트에서 다 찾아내 걸러 낼 수도 없거니와 공유하는 것을 다 막을 수도 없는 것이 현실입니다. 더욱이 허위 정보와 자극적 영상 콘텐츠에 양질의 콘텐츠가 밀려나는 일마저 벌어질 수 있습니다. 사회 전체의 노력이 필요하지만 무엇보다 개개인이 미디어를 분별 있게 이용하는 힘을 길러야 합니다. 우리가 불량 식품을 거부하고 좋은 음식을 먹을 때 개인도 사회도 건강해집니다. 그 힘이 바로 미디어 리터러시입니다.

과거에 미디어 리터러시 교육은 학생들을 대상으로 한 신문 읽기 교육이 대부분이었습니다. 신문 기사를 교육 교재로 활용한 거지요. 신문을 오려서 스크랩하면서 기사를 통해 역사와 문화, 경제 등 다양한 분야에 대해 공부하는 방식이었어요. 그러다가 신문 기사를 비판적으로 읽는 교육이 이루어졌고요. 텔레비전 프로그램이나 영화의 장면들을 사회를 이해하는 교육용 교재로도 써 왔습니다. 전통적이고 전형적인 미디어 리터러시 접근이었습니다. 미디어 환경이 디지털로 급변하면서 인터넷이나 게임 중독을 예방하기 위한 노력이 미디어 리터러시 차원에서 이루어지기도 했습니다.

이제는 학생뿐 아니라 전 세대에 걸쳐 미디어 리터러시 역량 강화가 이루어져야 하는 것으로 인식되고 있습니다. 또 학교뿐 아니라 언론사, 지역 미디어 센터, 공공시설, 마을 미디어, 노인 복지관, 평생 교실 등에서도 미디어 리터러시 교육이 이루어지고 있습니다. 미디어 리터러시 교육이 학교의 울타리를 넘어 어린이부터 노인에 이르기까지 전 세대에 걸쳐 시민들의 일상과 생활 공간 속으로 들어가는 것이 바람직한 방향입니다. 여러분의 어머니와 아버지, 할머니, 할아버지에게도 반드시 필요한 교육인 거지요. 그리고 디지털과 모바일에 익숙한 여러분이 부모님의 미디어 리터러시 교사가 되어야 할지도 모릅니다. 여러분이 좀 더 창의적인 미디어 리터러시 역량을 키우기 위한 방법을 제시해 보면 어떨까요?

깨미주 ～～～～～～～～～～～～～～～～～～～～～～～ 1

학교나 학교 밖에서 미디어 리터러시 교육을 받은 적이 있나요? 있다면 어떤 교육이 도움이 되었나요? 도움이 된 교육이 없었다면 그 교육은 무엇이 문제였을까요? 여러분이 생각하는 보다 나은 창의적인 방법은 무엇입니까?

깨미주 ～～～～～～～～～～～～～～～～～～～～～～～ 2

평소 여러분의 미디어 이용 습관을 돌아보고 자신에게 가장 부족하거나 가장 필요한 미디어 리터러시 역량은 무엇인지 예를 들어 설명해 보세요.

깨미주 ～～～～～～～～～～～～～～～～～～～～～～～ 3

여러분이 미디어 리터러시 교사가 되어 보세요. 본문에서 제시한 미디어 리터러시 체크리스트를 활용해 여러분이 가르친다고 가정하고 직접 뉴스를 분석해 보세요. 부모님께 직접 소셜 미디어나 유튜브의 장단점을 설명해 보고 궁금해하는 질문에 답해 주세요.

십 대를 위한
미디어 활용법

    부모님들은 십 대 아들딸이 하루 종일 스마트폰만 들여다보고 산다며 혀를 차곤 합니다. 그러면서도 정작 급히 정보가 필요할 때는 여러분에게 "이거 좀 찾아 줄래?"라며 도움을 요청하지요. 여러분은 빛의 속도로 검색하고 답을 찾아내고요. 정말이지 스마트폰만 쥐여 주면 뭐든 해결할 수 있을 것 같아 보입니다. 스마트폰은 무엇이든 해내는 도깨비 방망이일까요?

    스마트폰으로 무엇을 하나요? 게임, 웹툰이나 동영상 보기, 음악 듣기, 소셜 미디어나 메신저하기, 검색이 가장 보편적이지요. 크게 보면 정보 또는 오락 콘텐츠를 소비하고 있습니다. 그렇다면 여러분이 의식하든 의식하지 못하든 이용하는 정보와 오락이 결국 자신의 정신세계를 지배하게 됩니다. 이 책에서는 여러분이 하루에 가장 많은 시간을 할애하고 반복하는 이 활동을 슬기롭고 주체적으로 하기 위한 방법들을 이야기하고 있습니다.

여러분은 그 어느 세대보다도 많은 콘텐츠에 접근할 수 있고, 서로가 연결되어 막강한 힘을 발휘할 수 있습니다. 기존 세대가 소수 신문과 방송이 일방적으로 내보내는 메시지의 프레임에 갇힐 위험이 있었던 반면, 여러분은 전통 미디어에 의존하기보다는 인터넷과 소셜 미디어를 통해 정보를 얻고 쌍방향으로 소통하면서 자유롭게 의사를 표현하는 데 익숙해져 있지요. 부정부패를 눈감아 주지 않고 집단의 목소리를 모으는 지혜롭고 용기 있는 세대입니다. 이런 무한한 가능성에도 불구하고 무분별하고 과도한 스마트폰의 이용은 여러분의 가능성과 잠재력을 해치는 흉기가 될 수 있습니다. 다시 한번 여러분의 미디어 이용을 되돌아보고 무엇을 어떻게 할지를 생각해 보는 계기가 되기 바라면서 몇 가지를 제안해 보고자 합니다.

내가 지나치게 많이 쓰는 것 혹은 외면하는 것 찾기

여러분과 친구들이 과도하게 이용하는 미디어는 무엇이고 좀처럼 이용하지 않는 건 무엇인가요? 아마도 여러분의 미디어 이용은 인터넷, 모바일, 동영상으로 압축되는 것 같습니다. 인터넷으로 연결이 되어야 하고 이동 중에도 쓸 수 있어야 하고 사진이나 그래픽, 동영상이어야 여러분의 선택을 받을 수 있으니까요. 그래서 이 세 가지 요소를 모두 갖춘 스마트폰으로 정보와 오락 콘텐츠를 가장 많이 이용합니다. 스마트폰으로 무엇을 얼마나 하는지 돌아보면 여러분의 미디어 이용 모습을 알 수 있을 거예요.

그렇다면 정보 콘텐츠는 얼마나 이용하나요? 정보 콘텐츠의 대표는 뉴스입니다. 여러분이 뉴스를 주로 접하는 통로는 포털이지요? 아예 뉴스를 안 본다는 친구도 있고 연예 오락이나 사건 사고 뉴스만 본다는 친구도 있습니다. 뉴스를 안 보는 것도, 특정 분야만 보는 것도 문제입니다. 뉴스를 클릭하고서는 정작 기사보다는 댓글만 읽기도 합니다. 댓글이 다수 대중의 의견이라고 믿어서는 안 됩니다. 실제로 포털 뉴스에 댓글을 다는 사람을 이용자 비율로 분석해 보면 소수에 불과합니다.

소셜 미디어와 메신저는 어떤가요? 소통을 위해 만들어진 것들이지만 겉핥기식의 관계 맺기를 확장시키면서 오히려 진정한 소통을 해치는 것 같아요.

동영상 플랫폼의 간판인 유튜브도 빠뜨릴 수 없죠. 청소년은 모든 검색을 유튜브에 의존할 만큼 유튜브의 영향력이 큽니다.

이렇게 디지털 미디어를 통한 콘텐츠 이용에서 여러분이 지나치게 많은 시간을 쏟는 것은 무엇이고 무관심하게 지나치는 것은 무엇인지부터 점검하기 바랍니다.

타인에게 피해를 주지 않는 사용 기준 세우기

과도하게 이용하지 않는다고 해서 문제가 없는 것은 아닙니다. 디지털 미디어 공간에서 줏대 없이 휩쓸리거나 타인에게 피해를 주지 않도록 지켜야 할 것들이 있습니다.

먼저, 자극적 콘텐츠 이용을 지양해야 합니다. 뉴스와 포털, 유튜브에는 눈길을 끌기 위한 자극적인 콘텐츠가 난무합니다. 막연한 호기심에 클릭 몇 번 하다 보면 알고리즘은 나의 선택과 유사한 콘텐츠를 '맞춤형 추천'이라는 이름으로 제공해 줍니다. 나의 미디어 이용이 자극적인 콘텐츠로 채워질 뿐만 아니라, 양질의 콘텐츠는 묻혀 버리고 선정적이고 자극적인 콘텐츠가 만연하게 됩니다. 바다에 오염 물질이 가득 차면 물고기는 숨쉬기 어려워집니다. 넓은 바다라고 안심해선 안 됩니다. 하나둘 버려진 작은 쓰레기들이 쌓이면 장기적으로는 우리도 모르는 사이에 물고기를 죽이는 결과를 초래합니다. 여러분이 재미만 추구하면서 무분별하게 자극적인 콘텐츠를 소비한다면 결국 새롭고 창의적인 콘텐츠는 설 자리가 없어집니다.

그리고 무엇보다 댓글을 빼놓을 수 없지요. 댓글이 참 무섭다는 생각, 안 해 보았나요? 얼마 전에도 한 연예인이 무책임한 언론 보도와 무분별한 댓글로 인해 자신의 목숨을 끊는 비극이 일어났습니다. 언론사들은 댓글들을 인용하며 확인되지 않은 사실을 기사로 포장하고 있습니다. 연예인뿐만 아니라 일반인들도 뜻하지 않은 일로 악플에 시달리기도 합니다. 사실의 진위 여부가 확인되지

도 않았는데 어느새 댓글 창에는 피해자를 세워 두고 살벌한 재판이 벌어집니다. 여러분도 그 피해 당사자가 될 수 있다고 생각해 본 적 없나요?

댓글에는 사람을 죽이는 악플(악한 댓글)도 있지만, 사람을 살리는 선플(선한 댓글)도 있습니다. 한 연예인은 방송 연예 대상에서 수상 소감으로 선플의 힘 덕분에 이 자리에 설 수 있었다며 응원과 격려를 해 주는 '선플 달기'를 독려하기도 했습니다. 방탄소년단(BTS)도 데뷔 때부터 줄곧 선한 영향력을 이야기했던 연예인입니다. 좋은 메시지와 선한 영향력으로 다가가겠다는 포부를 밝혔고, 전 세계 아미(BTS 팬클럽)들도 자발적으로 방탄소년단이 전하는 '선한 영향력'을 전파하고 있습니다.

댓글의 영향력은 대단합니다. 진행자를 교체하거나 프로그램의 방향을 바꾸게 만들기도 하고 뉴스의 오보를 바로잡기도 합니다. 익명의 댓글이지만 내가 올리는 글들은 나의 또 다른 인격이지요. 댓글 예절을 지키는 것은 나에 대한 예절을 지키는 것임을 꼭 기억하세요. 댓글도 콘텐츠와 동일하게 법적 규제 및 처벌 대상이 된다는 것도 명심해야 합니다. 이제 악플의 참담한 결과보다 선플의 힘에 감동받는 일들이 많았으면 합니다. 여러분의 무책임한 댓글 하나가 사람을 죽일 수도 있듯이 여러분의 배려 깊은 댓글 하나가 누군가에게 삶의 희망이 되고 인터넷 공간을 지켜 낼 수 있는 힘이 된다는 점을 기억했으면 합니다.

마지막으로 무분별한 공유의 문제가 있습니다. 전통 미디어 시대와 달리 디지털 미디어 환경에서는 댓글로 의사 표시를 할 뿐만 아니라 콘텐츠 공유를 쉽게 할 수 있지요. 옛날에는 혼자서 본 기사나 동영상에 대해 다른 사람들에게 전파하려면 직접 이야기하는 게 유일한 방법이었습니다. 지금은 공유하기 버튼만 누르면 바로 그 순간 전달이 됩니다. 뉴스도, 동영상도, 소셜 미디어나 메신저의 내용도 모두 공유가 가능합니다. 별생각 없는 습관적 공유하기가 누군가의 사생활과 명예, 권리를 침해할 수 있다는 생각은 안 해 보았나요? 장난으로 던진 돌에 개구리가 맞아 죽듯이 아무 생각 없이 누른 공유 버튼이 누군가를 해칠 수 있습니다. 그리고 댓글과 마찬가지로 공유 역시 여러분이 바로 그 피해자가 될 수도 있습니다. 온라인 공간에 댓글을 포함한 글을 올리거나 공유하는 것 역시 하나의 생산 행위입니다. 콘텐츠 소비자로서의 책임 의식도 중요하지만, 생산자로서 고민해야 할 윤리적인 부분이 있다는 걸 명심하세요.

미디어를 직접 만들어 보며 이해하기

앞서 이야기했듯이 여러분은 미디어의 소비자인 동시에 생산자입니다. 과거에는 신문을 읽고, 텔레비전을 시청하는 사람들을 미디어의 '수용자' 혹은 '소비자'라고 불렀습니다. 하지만 지금은 '이용자'(user)라고 말하고, 나아가 '생산자'(producer)와 '소비자'(consumer)를 합친 '생비자'(prosumer)라고 표현합니다.

미디어 콘텐츠를 소비만 하는 것이 아니라 생산하기 때문입니다.

미디어로 둘러싸인 세상에서 미디어를 가장 잘 이해할 수 있는 길은 여러분이 직접 만들어 보는 겁니다. 인터넷 개인 방송의 BJ가 되어 보고, 웹툰과 게임도 만들어 보고, 신문 기사와 방송 기사도 작성해 보고, 영화나 다큐멘터리도 만들어 보세요. 결코 쉬운 일은 아니지요. 무엇이든 제대로 만든다는 건 어려운 일입니다. 사람들이 어떻게 평가할지도 예상할 수 없고요. 그렇다고 아예 도전 못 할 만큼 어려운 일도 아닙니다. 직접 제작에 참여해 보는 것은 어려운 만큼 값진 경험이 될 겁니다. 가장 손쉽게 할 수 있는 인터넷 개인 방송 플랫폼부터 이용해 보면 어떨까요? 그럼 어떤 식으로 만들어야 할까요?

내가 좋아하는 거 찾기

"너 자신을 방송하라"(Broadcast yourself). 유튜브의 슬로건이 세상을 바꾸고 있습니다. 의사가 되고 싶고, 변호사가 되고 싶다고 말하는 것처럼 이제 콘텐츠 크리에이터에의 꿈을 만들어 냈습니다. 유튜브가 세상을 바꿀 수 있는 이유는 방송에서 볼 수 없었던 새로운 콘텐츠를 내놓고 있기 때문입니다. 유튜버 한 사람 한 사람이 하나의 세상입니다. 나의 세상을 보여 주세요. 먼저, 내가 좋아하는 것이 무엇인지 찾으세요. 음악을 좋아한다면, 노래 부르는 것을 좋아하는지 노래를 듣는 것을 좋아하는지, 노랫말을 쓰고 곡을 붙이는 것을 좋아하는지, 어떤 장르의 음악을 좋아하는지 등등 가능한 한 구체적으로 찾으세요. 무엇이 되었든 내가 좋아하는 것을 찾아보세요. 좋아하는 건 남들보다 더 자주 열심히 하고 있을 테고, 아마도 더 많이 알고 있기도 할 겁니다. 그걸 세상 사람들과 나누세요. 하나씩 이야기하다 보면 또 더 많이 알게 될 거예요.

주저하지 말고 진솔하게 이야기하기

어떤 이야기라도 말해 보세요. 하지만 그것이 반사회적인 내용이거나 그릇된 방식이어서는 안 됩니다. 표현의 자유가 있듯이 지켜야 할 의무도 있고 타인의 프라이버시 또한 존중하고 보호해야 합니다. 주목을 끌기 위해 자극적인 내용을 담아서는 안 됩니다. 또 유튜브 하면 자동으로 떠오르는 조회 수나 수익만 바라고 시작하지 마세요. 여러분의 진솔한 이야기가 목적이 되어야 합니다.

일단 주저하지 말고 첫 동영상을 올려 보세요. 완성도 높은 동영상을 만드느라 애쓸 필요 없습니다. 일단 내가 누구인지 소개만 하는 것도 좋습니다. 제가 아는 한 영자 신문 기자가 영어 공부법 책을 썼는데, 놀랍게도 토익 점수 300점대의 영어 낙제생이었고 유학이라고는 다녀온 적 없는 순수 국내파입니다. 스토리가 흥미롭지요. 유튜브로 책 홍보도 할 겸 영어 공부 이야기를 올려 보라는 제안에 처음에는 겸연쩍게 웃기만 했답니다. 얼굴을 드러내고 자신의 이야기를 한다는 게 쑥스러워 망설이다가 용기를 내어 쉬는 날 야구장에서 찍은 경기 장면을 '야구 보기 참 좋은 날'이라는 제목의 1분짜리 동영상으로 올렸습니다. 두 번째 동영상은 자기소개였고요. 그 후로 '콩글리쉬 때려잡기'나 '영작문 잘하기' 콘텐츠뿐 아니라 '재벌 총수와 정치인의 영어 실력 평가'도 하고, '영문기자의 업무 일상'도 올리면서 활발하게 활동하고 있습니다. 무엇보다도 본인이 즐거워합니다. 유튜브를 하다 보니 책임감도 느껴져 자신도 더 공부하고 성장하게 됐다고 해요. 먼저 첫 동영상을 올리면 다음엔 두 번째 영상이 따라옵니다.

지금 바로 시작하세요. 준비만 하다 보면 절대 못 합니다. 여러분의 컴퓨터나 스마트폰이면 충분합니다. 동영상이 아니어도 상관없습니다. 오디오 팟캐스트도 좋고, 블로그와 같은 다양한 글쓰기 플랫폼이나 소셜 미디어에 기록해 나가도 좋습니다. 친구들과 하나의 주제를 정해 조사해 가면서 탐사 보도 리포트를 만들어도 좋습니다. 또는 팀을 이뤄 시나리오를 쓰고 배우, 촬영, 감독 역할을 나눠 영화를 만들어 보는 것도 멋진 일이겠지요.

십 대를 위한 미디어 만들기

다양한 미디어를 통해 쏟아져 나오는 정보가 너무 많습니다. 신문사와 방송사의 뉴스만 해도 엄청난데 포털에는 더 많은 기사가 시시각각 올라오고, 소셜 미디어나 메신저를 통해서도 별의별 소식이 전해져 옵니다. 그런데 정작 무엇을 봐야 하고 무엇을 믿어야 할지 모르겠습니다. 순간적으로 눈길을 끄는 제목에 끌려 클릭해 보면 허탈한 경우가 대부분이지요.

캐나다에 '바이스 미디어'라는 회사가 있습니다. 잡지에서 시작해 방송 뉴스, 영화 스튜디오, 음반사까지 사업을 확장해 시장 가치 10억 달러(1조 2000억 원)가 넘는 '유니콘 기업'으로 지정됐습니다. 스타트업 기업이 상장하기도 전에 기업 가치가 10억 달러 이상 되는 것은 마치 유니콘처럼 상상 속에서나 존재할 수 있다는 의미로 사용되는 용어입니다. 바이스의 이러한 성장 동력의 핵심은 청소년과 이십 대 초반에 초점을 맞춘 미디어 전략이었습니다. 십 대도 뉴스와 정보를 좋아합니다. 인권과 성평등 같은 사회 문제에도 관심이 많고 누구보다 정의롭습니다. 십 대들 역시 자신들을 위한 뉴스와 정보를 갈망하고 있을지 모릅니다.

바이스 미디어의 성공 사례처럼 여러분이 유니콘 기업의 주인공이 되어 보세요. 여러분과 친구들이 관심은 있는데 제대로 정보를 제공받지 못하는 분야를 찾아보세요. 청소년들도 맛집 음식이나 여행 사진을 공유하는 것뿐만 아니라 관심 있는 이슈를 토론하고 서로 간에 소통할 공간이 필요합니다.

청소년을 위한 국내 뉴스 서비스도 하나 소개하고 싶습니다. "우리가 시간이 없지, 세상이 안 궁금하냐?"라는 캐치프레이즈를 내걸고 이메일 뉴스레터를 제공하는 '뉴닉'입니다. 본인의 이메일 주소와 닉네임만 입력하면 매주 월, 수, 금 아침마다 뉴스를 이메일로 배달해 줍니다. 세상에는 뉴스가 너무 많습니다. 게다가 용어는 어렵고 앞뒤 맥락에 대한 설명이 없어서 답답하지요. 십 대의 입장에서 언론사의 뉴스는 지루하고 어렵게만 느껴질 거예요. 뉴닉은 바로 이 어려움을 해결해서 청소년과 젊은 층의 독자에게

3부 미디어 리터러시 근육 키우기

다가갑니다. 국내외 시사 이슈의 궁금한 점을 꼭 집어서 쉽고 친절하게 설명해 줍니다. '코로나19, 넌 누구냐', '브렉시트의 운명은?', '암호화폐: 넌 규정이 다 있구나', '직권 남용죄가 뭔데?'

어떤가요? 이모티콘과 대화체로 이어진 기사에 쏙 빠져들어 끝까지 읽게 됩니다. 친근함의 절정은 '고슴이'라는 고슴도치 캐릭터 마스코트지요. 너무나도 귀여운 '고슴이'는 뉴스를 들려주는 똑똑한 친구처럼 정겹습니다. 정치, 경제, 국제 뉴스는 딱딱하다는 선입견을 한방에 날려 보내는 서비스입니다. 2018년에 시작했는데 구독자가 20만 명을 넘어섰습니다. 2030 밀레니얼 세대를 타깃으로 표방하지만 뉴닉을 읽고 유식해졌다는 십 대 팬들도 많아졌어요. 저 같은 기성세대들도 읽다 보면 "이런 뉴스 서비스가 필요했어!"라며 무릎을 치게 됩니다. 뉴닉을 유료로 해야 한다는 아우성이 이해가 됩니다. 뉴닉의 공동 창업자인 김소연, 빈다은 씨는 미국 경제 잡지 〈포브스〉가 선정한 '30세 이하 아시아 리더 30인'에 선정되기도 했습니다.

여러분이 직접 청소년을 위한 미디어를 설립하는 주인공이 되는 겁니다. 핵심은 차별화입니다. 무엇을 이야기하고 어떻게 전달할 것인지가 차별화의 관건입니다. 돈이 목적이 아니라 우리 사회와 세상의 주목을 끌고, 십 대의 목소리를 전하고 나눌 수 있는 미디어를 만드는 겁니다.

저널리즘, 무엇이 중요할까?

십 대를 위한 새로운 미디어의 필요성을 강조한 만큼 신문과 방송의 역할과 영향력도 다시 한번 언급하고자 합니다. 우리 사회에서 가장 핵심적인 뉴스와 정보, 오락 콘텐츠를 생산하는 주 제공자는 여전히 신문사와 방송사입니다. 인터넷 미디어보다 오랜 역사와 많은 제작 인력, 기술과 장비를 갖추고 있지요. 그곳에서 일하는 기자와 피디(프로듀서)는 하나의 직업이 아니라 소명으로서 기사를 쓰고 콘텐츠를 만들어 내는 사람이어야 합니다. 기사 하나, 프로그램 하나가 가지는 사회·문화·정치·경제적 힘은 거대하기 때문이지요. 진정성 있는 기자와 제작진은 우리 사회를 건강하게 지켜 냅니다.

흔히 언론을 제4부라고 합니다. 민주주의 사회에서 그 기능과 역할이 3부(입법부, 행정부, 사법부)와 견줄 만한 위치에 있기 때문입니다. 그래서 우리 사회의 '감시견'(watchdog)이라고도 합니다. 도둑이 들어왔는데 감시견이 자고 있거나 던져 주는 고기를 받아 먹고 짖지 않는다면 그 집은 어떻게 될까요? 제 역할을 못하는 감시견은 도둑에게 꼬리를 치고 오히려 주인을 물어뜯을 수도 있습니다. 그 집이 바로 우리 사회이고 주인은 우리 국민입니다. 최근 언론에 대한 국민의 신뢰가 추락하고 기자들이 '기레기'로 불리고 있는 현실이 안타깝습니다. 언론이 제 역할을 못 하고 있다는 지적에 눈감고 있어서는 안 됩니다.

여러분도 '저널리즘'이라는 말, 자주 들어 보았지요? 저널리즘이란 시사적인 사안에 대해 정보를 모아 분석하고 작성해서 보도나 논평의 형태로 사회에 전달하는 일을 의미합니다. 이러한 일을 하는 사람을 '저널리스트'라고 부르고요. 어원은 하루 동안의 일을 의미하는 라틴어 '디우르나'(diurna)입니다. 고대 로마에서 주목할 만한 사안을 돌이나 금속에 새겨 공식적으로 안내하는 일일 소식지의 이름이 '악타 디우르나'(Acta Diurna)였는데, 오늘날 신문의 조상이라고 할 수 있습니다. '저널'(journal)은 이 말에서 비롯된 일지 또는 일기를 뜻하는 프랑스어고요. 여기에 이념을 의미하는 접미사 ism이 붙어서 저널리즘이 됐습니다. 결국 저널리즘은 단순한 사실 보도를 넘어 진실을 추구하는 일지이고 이를 만들어 가는 일과 정신입니다. 따라서 저널리즘은 그 자체로 근원적인 의미와 역할을 담고 있는 개념이지요.

뉴스를 전달하는 매체들이 경쟁하면서 저널리즘 앞에 꾸미는 말이 붙어 새로운 용어가 생겨났습니다. 대중을 자극하고 호기심에 호소하여 흥미 위주로 보도하는 센세이셔널리즘 경향을 띠는 '옐로 저널리즘', 진실에 바탕을 둔 공정한 보도보다는 흥미 위주로, 마치 경마를 중계하듯 오로지 누가 앞서고 누가 뒤처지느냐에만 집착하는 '경마 저널리즘', 특정 타깃을 집중적으로 물어뜯고 매도하는 '하이에나 저널리즘' 등 본연의 역할을 망각한 부정적인 의미의 이름들입니다. 최근에는 소셜 미디어에 올라온 유명인들의 글 중에서 자극적인 부분을 따옴표로 가져와 클릭 수를 올리거나 익명의 댓글들을 따옴표로 옮겨 오면서 조회 수가 몇천 건이었다는 식으로 만든 기사를 겨냥해 '따옴표 저널리즘'이라는 말까지 등장했습니다.

그런가 하면 사스, 메르스, 코로나19 바이러스와 같은 감염병이 발생할 때마다 불안과 불신, 혐오, 갈등을 조장하는 무분별한 기사들이 쏟아져 나옵니다. 심지어 언론이 온라인에 떠도는 가짜뉴스와 루머를 사실 확인도 제대로 하지 않은 채 퍼 나르기도 합니다.

문제점을 세상에 알리는 저널리즘의 역할은 말할 필요도 없이 중요합니다. 그에 더하여 문제를 드러내는 데 그치지 않고 배경과 원인을 파헤치고, 나아가 대안을 모색하고 해법을 제시하는 언론의 역할을 기대합니다. 이것이 바로 '솔루션 저널리즘'입니다. 솔루션 저널리즘은 잘못된 사안을 알리는 것을 넘어 무엇을 어떻게 더 나은 방향으로 가게 할 수 있을까에 초점을 맞춥니다. 학교에서 문제가 생기면 그때마다 심각하다고 이야기만 할 게 아니라, 왜 이런 일이 반복되고 있고 어떻게 개선할 수 있을지 해법을 취재하는 것입니다. 핵심은 문제가 무엇인지를 정확하게 규정하는 데서 출발합니다.

더 나은 세상을 위해 좋은 저널리즘 배우고 만들기

문제를 발견하고 개선 방향을 저널리즘에 적용한 예를 찾아 과거로 잠시 돌아가 볼게요. 1936년 미국 뉴욕입니다. 흑인에 대한 인종 차별이 법으로 보장된 시절이었지요. 미국의 숙박업소나 식당, 주유소 등에서 흑인들의 입장을 막았고 들어올 경우 체포까지 했습니다. 뉴욕의 우편배달부였던 빅터 휴고 그린은 이것을 문제로 규정하고 흑인을 위한 가이드북을 만듭니다. 이름하여 흑인 운전자를 위한 '그린 북'입니다. 흑인을 받아 주는 서비스 업소를 찾아서 정리한 것이지요. 뉴욕에서 시작해서 북아메리카, 멕시코, 카리브, 버뮤다까지 확대되었습니다. 이 과정에서 신문사들도 후원자가 되었고 협력을 했습니다. 1964년에 인종 차별 금지법이 통과될 때까지 흑인 여행자의 바이블이 되었다고 합니다. 이 내용은 영화 〈그린 북〉으로도 만들어져 제91회 아카데미 시상식에서 작품상과 남우조연상, 각본상을 받았을 뿐만 아니라 각종 영화제의 상을 휩쓸며 많은 사람들의 호응을 얻었지요.

가이드북이 저널리즘이냐고 물을지도 모르겠네요. 특정 문제에 집중해 이를 해결하고자 출판의 힘을 빌린 것이고, 이것이 바로 저널리즘의 정신이자 솔루션 저널리즘이라고 생각합니다. 빅터 휴고 그린은 자신을 위한 것이 아니라 인종 차별로 고통받는 이웃을 돕고자 문제를 해결해 보려 했던 것이지요. 그린은 우편배달부였지만 그 어떤 저널리스트보다 저널리즘에 공헌했다고 봅니다. 문제가 무엇인지 규정하고 이를 해결하기 위해 어떻게 할 것인가의 노력을 언론사만이 할 수 있는 것이 아니라는 이야기를 하고 싶었어요. 언론사는 물론이고 신생 미디어 벤처들, 혹은 일반 대중도 가능한 일이고 또 해야만 하는 일입니다.

최근에 발생한 조지 플로이드 사건을 보아도 개인에 대한 영상 미디어가 미치는 사회적 영향력을 새삼 깨닫게 됩니다. 미국 미니애폴리스에서 경찰의 과잉 진압으로 비무장 상태의 아프리카계 미국인 조지 플로이드가 사망한 장면을 찍은 영상이 소셜 미디어 등을 통해 확산되면서 엄청난 파문을 몰고 왔지요. 흑인에 대한 인종 차별이 여전히 존재하는 미국 사회에서 이 사건은 거센 항의로 시작되어 사회적 문제 해결을 요구하는 평화 시위로 확산되고 있습니다.

코로나19 바이러스 이야기를 예로 들어 볼게요. 언론에서 확진자 수를 알리는 보도에 여념이 없을 때 한 대학생이 '코로나 맵' 사이트를 만들었습니다. 질병관리본부에서 제공하는 정보가 글로만 표시되어 동선 파악이 어렵다는 생각에 지도를 만들어 확진자 동선을 쉽게 볼 수 있게 했습니다. 이후 기업들이 서버 비용을

대학생 이동훈 씨가 혼자서
개발한 코로나 맵.

제공하기도 했고요. 연이어 중고등학생들과 다른 대학생들도 이런 문제를 해결하기 위해 나섰습니다. 확진자 동선뿐만 아니라 감염 예방 행동 요령, 마스크 등 방역 물품 확보에 도움이 되는 서비스도 추가했습니다. 사이트 접속자의 현재 위치를 기반으로 주변 진료소 위치와 연락처도 확인할 수 있도록 했습니다. 길 찾기 기능을 이용하면 내비게이션 사이트와 연동되어 병원까지 가는 방법도 안내받을 수 있습니다. 사이트 이용자는 급증했고 소셜 미디어와 메신저를 통해 공유되었습니다.

이와 같이 학생들의 노력이 문제를 완전히 해결한 건 아니라 하더라도 문제에 집중해 문제 해결을 위한 사이트를 만들었으니, 이것이 바로 솔루션 저널리즘입니다. 유튜브 채널로도 가능한 일입니다. 문제를 이야기하고 개선 방법을 고민하는 것이 우선입니다. 이것이 저널리즘이 가야 할 밝은 미래입니다.

언론의 신뢰가 추락하고 '기레기'라는 말까지 생겨났지만 세상에는 좋은 기자와 좋은 기사도 많습니다. 진실을 보도하는 올바른 저널리즘은 역사 속에서 우리 사회를 지탱해 왔고, 앞으로도 더 나은 세상으로 이끄는 동력이 될 것입니다.

소통과 공감, 그리고 새로운 질문을 찾아서

이제 누구나 기자, 피디, 크리에이터가 될 수 있는 시대입니다. 중요한 것은 그 앞에 붙는 '어떤'이라는 수식어입니다.

7장 십 대, 미디어의 주인 되기

자신이 다루는 주제가 중요한 사회적 문제인지, 또 약자와 소수자를 보호하는 일인지를 고민하면서, 우리 사회가 한 걸음 더 나아갈 수 있도록 원인과 대안을 제시하기 위해 노력하는 기자와 피디, 크리에이터가 되어야 합니다. 여러분이 바로 그 주인공이 되길 바랍니다.

그런 생산자가 되기 위해 무엇보다도 갖춰야 할 자질은 소통과 공감 능력입니다. 미디어 이용이 개인화되면서 자신만의 세계에 갇히기 쉽습니다. 알고리즘 기술의 발달은 맞춤형 추천을 통해 여러분이 버블 속에서 나오지 못하게 만듭니다. 여기저기 난무하는 가짜 뉴스와 허위 정보 속에서 나의 생각과 같은 정보만 받아들이는 편향에 빠져들 위험이 큽니다. 우리는 소셜 미디어와 메신저로 서로 닿아 있다고 생각하지만 정작 중요한 사람과 따뜻한 관계를 놓칠 수 있다는 점을 알아야 합니다. 바로 내 옆에 있는 사람들이 무엇을 고민하고 아파하는지 들어 주고 대화하는 것이 진정한 소통이고 나눔입니다.

소통하고 공감하기 위해 여러분이 뉴스와 정보를 얻는 정보원도 한쪽으로 치우치지 않고 다양하게 만들어야 합니다. 인터넷에서 접하는 뉴스와 정보, 오락에만 매몰되지 말고 종이 신문, 방송, 잡지, 책, 영화, 다큐멘터리 등 다양한 미디어 콘텐츠를 접하기 바랍니다. 그리고 무엇보다도 가장 중요한 정보원은 책이 되었으면 합니다. 물론 입시 준비에 여념이 없어 책 한 권 읽을 시간 내기도 어려울 거예요. 지금 이 책을 읽는 시간도 여러분에게는 버거울 수 있습니다. 그럼에도 책을 읽자고 이야기할 수밖에 없습니다. 책이야말로 상상력과 지식의 보고이자 여러분을 성장시키는 가장 큰 힘이 되어 줄 테니까요.

인공지능 기술의 시대로 갈수록 인문학적 소양이 점점 더 중요해질 것입니다. 상상력과 창의성이 없이는 새로운 질문을 던질 수 없기 때문이지요. 인공지능은 모든 문제를 풀 수 있지만 아무 질문도 할 수 없습니다. 그저 주어진 질문에 답을 찾아 줄 뿐입니다. 새로운 질문이 새로운 결과를 만들어 냅니다. 이 책에서 다룬 미디어의 역할과 그 뒤에 숨겨진 이야기를 되짚어 보고, '깨어 있는 미디어 주인 되기'의 과제들을 실행해 보기 바랍니다. 세상을 바꾸는 미디어를 꿈꾸며 여러분 스스로 새로운 질문과 해법을 찾아 나가길 응원합니다!

청와대 국민 청원에 올라왔던 두 건의 글이 있다.

[1] "제 친구가 공정한 심사를 받아 난민으로 인정받게 해 주세요." 첫 번째 글은 지난해인 2018년 7월, 중학생들이 올린 글이다. 이란에서 태어난 A군은 일곱 살에 아버지를 따라 한국에 왔다. 초등학교 2학년 때 천주교로 개종을 했는데 이란에 돌아가면 반역죄로 몰려 사형을 당할 수도 있다. 출입국관리사무소에 난민 신청을 했으나 받아들여지지 않았고 행정 소송을 걸어 1심에서 승소했지만, 2심과 3심에서 패소해 강제 추방을 앞두고 있는 상황이었다. A군의 친구들은 지푸라기라도 잡는 심정으로 청와대에 청원을 올렸다. 청와대 국민 청원은 20만 명이 넘어야 답변을 하게 돼 있지만, 이 글은 3만 명을 조금 넘기는 데 그쳤다. 그러나 소셜 미디어를 통해 이 중학생 친구들의 이야기가 널리 확산됐고, 언론이 관심을 보이면서 서울시 교육감이 나섰고, 심사를 다시 신청해서 인정을 받았다.

[2] "제주도 불법 난민 신청 문제에 따른 난민법·무사증 입국·난민신청허가 폐지 및 개헌을 청원합니다." 두 번째 글은 이에 앞서 지난해 6월 청와대 국민 청원에 올라왔던 제주도 예멘 난민의 추방을 요청하는 글이다. 이 글에는 무려 71만 명이 공동 청

원으로 이름을 올렸다. 중학생들은 친구를 난민으로 인정해 달라고 요청하는데 어른들은 난민들을 모조리 내쫓고 아예 법을 폐지해 달라는 청원을 올리고 있는 상황이다. "제주도에 난민 유입이 늘어나면서 치안을 비롯해 사회적 문제가 급증했다."는 차별적인 표현도 서슴지 않았다. "이런 섬에 갇혀 있으니 예멘으로 돌아가고 싶다."고 했다는 허위 발언이 나돌기도 했고, 난민들이 집단 성폭행을 모의하고 있다거나 난민 1명당 혈세 138만 원을 지원하고 있다거나 서울대에서 이슬람 학생들이 수업 중에 큰 소리로 기도를 해서 물의를 일으켰다는 등의 가짜 뉴스가 나돌면서 혐오를 부추겼다. 스마트폰을 들고 다니는 사람들이 무슨 난민이냐, 수백만 원씩 브로커 비용을 냈다던데 이런 사람들을 받아도 되냐 등등 난민에 대한 전형적인 이미지와 다르다는 이유로 감정적인 비난을 쏟아 내는 언론 보도도 있었다. (슬로우뉴스, 2019.4.18)

우리 사회에서 난민 문제는 각자 자기주장만 늘어놓을 뿐 정작 깊이 있는 토론도, 어떤 합의도 이뤄지지 않고 있습니다. 어른들이 난민을 내보내라고 목소리를 높이고 가짜 뉴스와 자극적인 언론 보도들을 쏟아 내는 사이, 난민 친구를 구하려는 중학생의 노력이 소셜 미디어를 통해 확산되어 결실을 맺었네요.

7장 십 대, 미디어의 주인 되기

깨미주 ～～～～～～～～～～～～～～～～～～～～～～ 1

소셜 미디어의 파급력으로 여러분도 선한 영향력을 행사할 수 있는 많은
일들이 있습니다. 여러분은 이와 같은 사례를 경험해 보았나요? 비슷한
사례가 아니더라도 선한 댓글(선플)로 좋은 일을 했던 경험을 이야기해
보세요.

깨미주 ～～～～～～～～～～～～～～～～～～～～～～ 2

여러분은 뉴스나 정보, 영상물을 친구들과 얼마나 자주 공유하나요?
아무 생각 없이 습관적으로나 재미있다는 이유만으로 사실이 확인되지
않은 정보를 공유한 적은 없나요?
생각 없이 한 공유로 인해 이해 당사자가 피해를 입을 수도 있고 언젠가는
여러분이 피해자가 될 수도 있습니다. 보통 정보를 공유할 때의 기준은
무엇인가요? 친구들과 논의해 보고 우리만의 기준을 만들어 보세요.

깨미주 ～～～～～～～～～～～～～～～～～～～～～～ 3

십 대 청소년에 대한 뉴스 보도나 프로그램을 보면 충분히 공감이
되나요? 여러분의 문제를 잘 다루고 있는 미디어와 그렇지 않은 미디어는
각각 무엇인가요? 한 뉴스거리를 골라 각 미디어에서 어떻게 다뤘는지
비교해 보고, 기존 언론의 시각이 아닌 여러분의 시각에서 문제를
진단하고 해법을 찾아보세요.